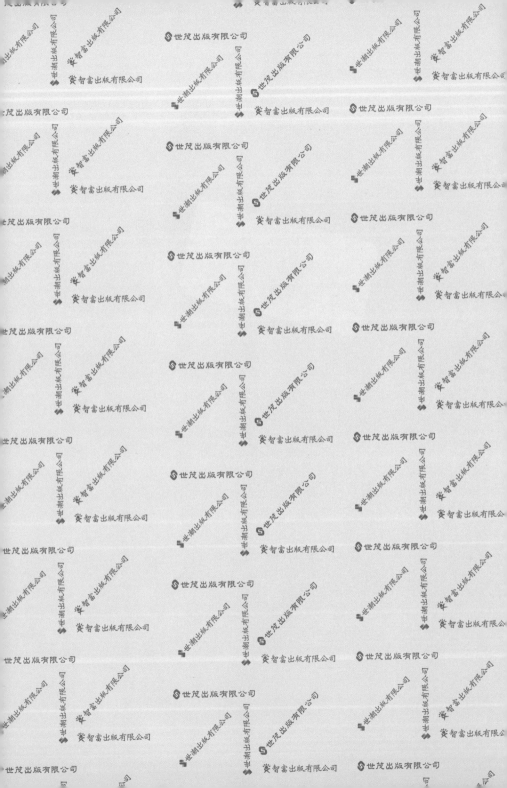

漫畫

NLP就業求職筆記

マンガでやさしくわかる
成功するNLP就活術

勇敢踏出第一步，
改變態度通往
錄取之路

NLP潛能開發顧問　山崎啓支◎著
謝承翰◎譯

前言

日本大學應屆畢業生的就業率為六七・三%，大多數學生平均只能拿到一家企業的聘書，代表就業大環境依舊嚴峻。（註：台灣約為六四%，平均待業一四八日。）

不管就業環境多險惡，或「大企業」有多麼炙手可熱，都一定有學生獲得聘用。

那麼，求職成功的學生，具有哪些不同於其他學生的特質？我們又該怎麼做，才能在面試時把自己的能力發揮得淋漓盡致？

我在本書將問題的基本答案，重點歸納，希望可以將這些重點傳授給各位。

我是一名教授NLP（神經語言程式學）的訓練師，NLP是一種潛能開發，發明地在美國。

相信各位會對「潛能開發」幾個字產生艱澀難懂的印象，但其實NLP是簡單好用的方法，能幫助、解決大眾在生活上遇到的各種問題，能「幫助解決商務人士在工作方面的難題」、「幫助家庭主婦教養子女」、「幫助學生有效率的學習」等等。

有些人在面試時會產生過度壓力，覺得「我一定要對答如流，才能通過面試」、「我一定要在面試時充分展現自己的優點」等等；有些人則裝模作樣，在面試時扮演一個和自己完全不同的角色。求職者缺乏自信，反而無法發揮自己的優點，非常可惜。

其實面試時，面試官並不想看到你刻意塑造出來的形象，而是想要看到你「身為一塊原石（材料）的優點」。面試官想知道你是否可以經過磨練而成材，他們不在乎你現在是不是最優秀的。

企業並不會要求學生進入公司後，立刻產生戰備力量，因此我不希望各位在面試時矯揉造作，過度自我表現。因此本書提供簡單易懂的方法，幫助你們在面試時能百分之百展現自己。

面試結果順利的學生，不一定擁有漂亮的學經歷，「充滿自信」才是他們的共同特徵。因為擁有自信，所以能恰到好處地展現自己的長處。你的想法決定面試官是否對你產生好感，進而發現你的優點。

本書提供許多具體的方法，如「在求職時提升自信的方法」、「經歷落榜打擊，可以在短時間重新振作的方法」等，幫助求職者充分展現自己的優點。

本書描述主角，一個大學應屆畢業生櫻井希，在求職時的苦戰經驗，藉由他的問題呈現求職者可能會碰到的遭遇。

關於求職可能出現的問題，相信求職者多少都有類似的經驗。看到主角為了找到理想工作，一步步成長，能幫助各位知道自己在求職時應該要做哪些努力，才能成功錄取，找到理想的工作。

市面上有許多關於求職的書籍，如「求職時該做哪些事？」「該與面試官談哪些內容？」等，大多是關於求職的技巧，很少像本書一樣，整理歸納重點，讓你「發揮個人優點」。

希望各位讀過本書後，都能去實踐，發揮自己的優點，找到自己理想的工作。

山崎啓支

前言……003

序章

NLP幫助求職

Story 0 我有姊姊了？……012
01 求職成功的人、求職失敗的人……022
02 什麼是NLP？……024
03 人體也有「程式」……028
04 無意識控制行為……030
Column1 「面試」是求職者與企業的相親……034

第一章

求職為何不順利？

Story 1 釐清問題的層次……036
01 從屬等級能幫助解讀意識，什麼是解讀意識？……054
02 什麼是自我認同？……062
03 5W1H思考從屬等級……066
04 從屬等級與一致性……070
05 求職順利者與失敗者的差異……074
Column2 面試不是說故事，而是呈現事實……080

第二章

脫離「過去失敗的自己」！

Story 2 二流大學進不了大企業？……082
01 滿肚子學問，面試卻被刷下來……106
02 信念和價值觀只是主觀想法？……108
03 你是讓自己變廢的兇手……114
04 捨棄同化的包袱……118
05 結合與抽離……122
06 讓思考轉為正向……126
07 解除負面價值觀……132
Column3 讓面試官產生想和你共事的想法……138

第三章

訓練求職能力

Story 3 技巧性地通過面試？……140
01 怎樣才叫擅於溝通？……158
02 講到面試官的心坎裡！……160
03 建構親和感的方法……164
04 為何需要進行同步？……168
05 面試時進行同步……172
06 幫助面試的模仿法……176
07 學會成功者的模式！……182

第四章

面試的必勝技巧

Story 4 終於發現自己真正想從事的工作了！……192
01 由手勢洞悉對方的心理狀態……216
02 在對話中抓住對方的心……220
03 配合企業風氣的技巧……224
04 利用一致性，提升個人存在感……228
05 利用使命與職責，編織個人故事……234
06 企業最想要怎樣的人才？……240
Story 5 「姊姊，謝謝你！」……248

序章

NLP 幫助求職

「NLP？」這是你第一次聽到NLP嗎？
一開始，我們先來認識NLP的基礎知識，幫助你成功求職。

Story 0
我有姊姊了？
三月
很抱歉，
您並未錄取本工作職缺。
請您再接再厲，本單位在此衷心
祝福您身體健康，鴻圖大展。
祝福您。
啊……
求職者
櫻井希
洩氣
又是未錄取感謝函
啊……
你不用太緊張。
吵吵
就業指導組
鬧鬧
找工作是在跟自己競爭。
成功與否，取決於你有沒有努力到最後，加油吧！
好吧。
每次都是這句話
你的西裝……
！

好像皺皺的。
嗯…
皺巴巴
這是我爸買給我的西裝。
筆試只要有讀書就可以通過，每次都是在面試這關被刷掉。
面試是我的弱點。
我快受不了了…
嘿
小希！
面試還順利嗎？
同學
菅原惠
嗚嗚…我落選了…
小惠你已經進入面試的第三關吧？
哈哈哈
註：日本求職平均會接受三次面試，較為嚴謹的公司可能會進行第四次。
下次就是最終面試囉！
咦！

又是最終面試？我記得你上次也是進入最終面試啊？
那次是因為我剛好跟面試官很有話聊，所以才會那麼順利。我也還沒有拿到任何一家公司的聘書。
我想要做這種嘗試
啊，你的想法蠻有意思的耶
剛好很有話聊…
真的有那麼剛好的事嗎？
哈哈
……
小惠，走囉！
！
那小希我們下次再聊吧！拜拜。
小惠是我們經濟系的偶像
個性溫柔
又好相處，會主動和人說話
還有……
個性超級開朗……
船到橋頭自然直囉！
哈哈
好羨慕她……
還是快點回家寫履歷表吧！
低落

我回來了
嗯！
咦？
女生的鞋？
家裡只有我跟老爸啊！怎麼會…
啊哈哈哈哈哈哈哈哈
嚇一跳
為什麼會有女生在我們家？
啊哈哈
嗯

初次見面，
你就是小希吧！
我叫做咲，多多指教。
上下
打量
你為什麼知道我的名字…
嗯…
你、你是誰啊？你怎麼進來我家的？
當然是打開大門走進來的啊！
你怎麼會有我家鑰匙？
啊啊！
啪
我的可爾必思！
瞪
別這樣啦…難得我們有緣，好好相處吧！
唉…
為什麼我一定要跟你好好相處！
因為從今天開始我們就要住在一起啦～

蛤？
為什麼我要跟一個陌生人一起住？
沒人告訴你嗎？
你爸跟我媽再婚啦！
咦？
啊⋯
我要再婚了，
老爸你決定就好，我都可以⋯⋯
現在我要專心找工作啊⋯
然後啊⋯⋯對方還有個女兒。
履歷表怎麼會這麼複雜啊！
我好像有聽我爸說過。
但我沒聽到要跟你住啊⋯⋯
是喔⋯那沒關係
喔，我要告訴你，他們兩個現在去度蜜月囉！要去加拉巴哥群島旅行一個月。
這裡
嚇
真的假的!!
總之，多多指教囉！小弟！

雖然有點難以接受，但既然成為一家人，只好住在一起。
……
但是她也過得太爽了吧…
白天就開始喝酒…
如果再找不到工作，我是不是會變得跟她一樣呢？
你把我的可爾必斯全都喝光了？
轉頭
對啊，我都拿來調酒喝掉啦！
我的可爾必思！
東摸西摸
對了。
你居然隨便喝光…
沒在聽
真過份！
我剛剛打開電腦，發現你收到好多感謝函。
咚
哇啊啊啊啊啊
你別亂看啦！
啪
如果小弟在家裡蹲，我會很困擾呢～
火大

我可不想被個臭酒鬼教訓！
脫口而出
……
看
名片
這是理想就職企業排行第一名的公司啊！？
抨擊
而且還是人資部。
失魂落魄
搖晃
掉落
啪嚓
這世界太不公平了。
反正我就是個廢物。
所以才沒公司要我！
！
小弟，你其實不廢啊！
你別安慰我啦！你根本不瞭解我。
我沒有安慰你好嗎。
你在一流企業上班，哪會瞭解我這種人的感受。
你聽過NLP嗎？

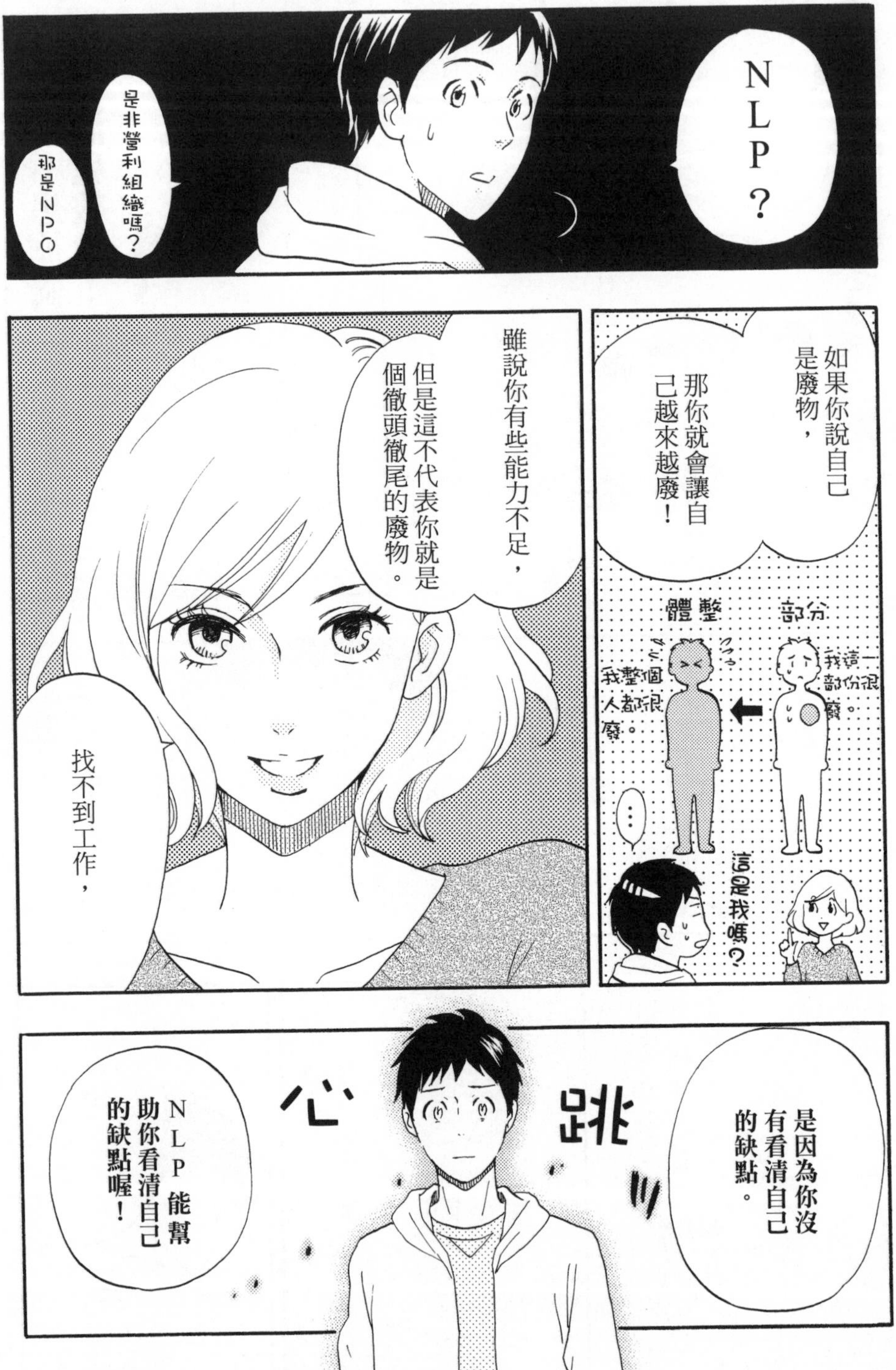
NLP？
是非營利組織嗎？
那是NPO
如果你說自己是廢物，
那你就會讓自己越來越廢！
部分
整體
我這一部份很廢。
我整個人都很廢。
這是我嗎？
…
雖說你有些能力不足，
但是這不代表你就是個徹頭徹尾的廢物。
找不到工作，
是因為你沒有看清自己的缺點。
心跳
NLP能幫助你看清自己的缺點喔！

NLP（神經語言程式學）
①N…神經（Neuro）、
②L…語言（Linguistic＝Language）、
③P…程式（Programming）
NLP是一種語言學與心理學的組合實踐性方法。
NLP來自美國，一般稱為「大腦的使用說明書」。
大腦的使用說明書…
如果你想要改變自己，
我可以教你喔！
心跳加速
唰
你應該不想再收到感謝函吧？
抖
用NLP來改變你的想法，
你的人生會出現戲劇性的轉變喔！
你考慮考慮，明天再回答我，我累了先睡囉！晚安～
…
怎麼回事…

1 求職成功的人、求職失敗的人

⇩通過面試，求職成功

「求職成功的人」與「求職失敗的人」，面試的結果非常極端。有能力獲得企業聘書的學生，即便面對不景氣，或是向錄取率極低的企業挑戰，也能順利過關斬將，獲得聘書。而那些拿不到聘書被刷下來的學生，通常也都沒有其他公司想要。

求職成功的人畢竟佔極少數，所以在就業市場上，企業真正需要的人才是供不應求的。因此**我想編寫一本實用的潛能訓練指南，幫助求職者「順利就業求職」，於是這本書就問世了**。

⇩每個人都有優點，問題在於是否可以展現這些優點？

書店裡的求職書多得看不完，隨手拿起一本，似乎都有一套見解。我認為，在求職期間，求職者的確要多閱讀「求職教戰」書籍，以及「潛能開發」書籍。

但還是有求職者讀了一大堆的求職書籍，還是掌握不到要領，無法實踐。舉例來說，有些書會提到「適當的微笑，可以帶給面試官好印象」，但是缺乏自信的人（抱持負面自我形象的人）通常硬擠出不自然的（表面的）微笑，這樣實在很難帶給面試官好印象。雖然已經知道「自己應該要做什麼」，但是如果沒有「實踐的能力」，就會陷入進退兩難的窘境。你的大腦雖然知道要怎麼做，但是身體卻無法做到。所以，**我認為對很多畢業生來說，應該要先接受潛能開發訓練，幫助自己在面試時發揮最大的優點，而不是只顧著學習那些如何求職成功的知識**。

舉例來說，每個人的朋友裡，總會有自認「一定沒問題，會拿到很多公司的聘書」愛出鋒頭的人出現。

每個人都有缺點，也都有獨特的優點。有太多例子顯示，人們會因為過度緊張，或缺乏自信，而無法呈現自己的優點。一件同樣的事，如果由一個自信滿滿的人說出口，帶給聽話者的印象一定很好，相對地，一個缺乏自信的人說出口，反而會變成不良印象，結果可說是有天壤之別呢！

2 什麼是NLP？

⇩ 利用「大腦的使用說明書」，成功求職！

ＮＬＰ是一種結合語言學與心理學的實踐方法。發源自美國，當地人稱為「大腦的使用說明書」。

你可以把ＮＬＰ想像成是一種有效利用人體的指南手冊，比較好懂。本書會介紹，如何利用ＮＬＰ，告訴各位，想要成功求職需要哪些「能力」，以及應該具有的「態度」。

一開始，我想先跟各位聊聊ＮＬＰ的歷史。

一九七〇年代，理察・班德勒（Richard Bandler）及約翰・葛瑞德（John Grinder）等兩名學者共同開發而成ＮＬＰ。兩人原本對於心理諮商（Therapy）有濃厚興趣，因此特別注意三位當代特別傑出的天才心理諮商師（Therapist）。一般心理諮商師沒有辦法改善的個案多年症狀，經過這三位的治療，可以在短短兩個小時的療程，產生改善。三位大師展現卓越的心理治療方法。

班德勒與葛瑞德仔細觀察這三位天才心理諮商師（Therapist）的治療過程，揀選出三人共同的傑出諮商模式，最後建立一套能實際操作的體系。起初，班德勒與葛瑞德採用的是模仿法（Modelling），模仿法就是仿效別人的行為舉止，包括姿勢、手部動作、說話方式、語調的抑揚頓挫等，可以觀察到的行動，包括內心的對話（自言自語）、相信的事物（信念、價值觀）等等屬於心靈層面的部分，班德勒與葛瑞德都徹底模仿，一直到自己的心理治療能力，與三名天才心理諮商師到達相同的水準。

NLP發展到後來，模仿法不再局限於心理諮商，而是幫助各行各業的人在短時間內掌握技巧，無論是商業、教育、醫療、運動，還能幫助人們具體實踐行動，達成目標、促進學習效果、成功進行簡報。

面試官只想知道「你能做什麼」

透過模仿法來學習成功求職者的行為模式，將求職的要素融入自己的行為，相信能立刻發現自己的變化。

以本書為例，配角之一小惠，就是一個人見人愛的角色。面試官對她很有好感。相信各位透過學習ＮＬＰ，就可以知道為什麼別人會容易對小惠產生好感。透過自我訓練，你也可以順利的找到工作。

我們沒辦法去改變學歷、成績等過去經歷，但可以努力將你所擁有的能力發揮到極致。雖然這麼說，相信許多人都不知道怎樣具體實踐，甚至不覺得自己有什麼能力。

面試官在面試時，會觀察求職者的「動力」。因此，在面試前，必須先查資料，認識企業的資訊（知識），屬於表現工作熱誠的指標之一。

對面試官來說，他們最想知道的，還是求職者是否成材。他們想知道的是，求職者進公司後，能對公司提供哪些幫助，而不是求職者擁有哪些知識。所以在這本書裡，我想要教導各位具體實踐的方法，希望能幫助各位發揮自己的優點，順利求職成功。

應用 NLP 求職

● **什麼是** NLP ？

三位天才
心理諮商師

他們的姿勢、手部動作、說話方式、語調抑揚頓挫等等。

挑選（模仿）三人共通處，創造模式，達成最佳成果

**使所有心理諮商師，藉由模仿，
都可以學習天才心理諮商師的技巧。**

● NLP **也可以應用在求職**。

求職順利的人

模仿求職順利者的共通模式，發揮個人的能力，以具體辦法，幫助求職者順利進入理想的公司！

3 人體也有「程式」

⇩「五感（體驗）」×「語言」產生「程式」

在這節要分別說明NLP三個英文字母的意義。如果你還是學生，可能比較艱澀難懂，但只要耐心讀下去，一定會有收穫。

NLP是以神經（Neuro）、語言（Linguistic＝Language）、程式（Programming）三個英文字的第一個字母結合而成。

「神經」，就是「五官的感覺」，簡稱五感，另一層意義是「體驗」。舉例來說，抱嬰兒的時候，看著嬰兒可愛的模樣（視覺），聽見嬰兒的聲音（聽覺），抱著嬰兒的柔軟皮膚觸感（體感），聞到嬰兒特有的奶香（嗅覺）與甜味（味覺）。

「語言」就是「說話」。

「程式」在NLP裡，是應用電腦術語程式的意義。電腦程式最大的特徵在於，「輸入（刺激）與結果（反應）」會依照既定模式運行。無論我們何時何地、利用哪一台銀行ATM，插入金融卡，輸入自己的帳戶密碼，畫面都會顯示自己的帳戶訊息，這就是電腦程式的運行結果。

人體其實也存在一種程式（P），會對特定輸入內容（刺激）產生特定結果（反應）。舉例來說，如果有人曾因被狗咬而患有恐懼症，以後只要看到狗，都會感到恐懼。

體驗（N）與語言（L）聯合編寫恐懼症的程式（P）。以恐懼症這種「強烈的體驗」，會在腦部快速編寫一種特殊反應程式。如果有人每次快遲到都會被媽媽罵，這個人的腦部會漸漸形成應該要「嚴格守時」的價值觀。一旦養成這種價值觀，如果沒有在約定時間的三十分鐘內抵達目的地，比較極端的人會焦慮不安，或是因為無法接受朋友經常遲到的習慣，而經常和別人發生爭執。

我們可以知道，這些程式都是透過**刺激（強烈的體驗）及重複（次數）建構而成**。如果有人曾從高處墜落，可能會患有懼高症，這就是因為體驗到強烈的刺激造成的結果。由於遲到而遭受責罵，久而久之形成「嚴格守時」的價值觀，這就是重複體驗造成的結果。我們可以把價值觀想像成是貼近生活的程式，也就是一個人的生活方式。

4 無意識控制行為

認識意識與無意識

前面提到，曾經從高處墜落的人，可能會患有懼高症。大家可以想想看，當事人在墜落的時候，是有意識地主動得到懼高症嗎？

應該不太可能。得到懼高症，是因為一個人從高處墜落，感受到疼痛，在一瞬間自動產生懼怕的心理。我們無法有意識地決定是否要得到懼高症，而是在受到刺激後，變成一個懼怕高處的人。「意識」是我們擁有的意志之一。

我過去很喜歡吃牡蠣，但是有一天，吃完牡蠣，不幸引發食物中毒，從此我一看到牡蠣，身體就會感到噁心反胃，所以我的身體已經自動反應討厭牡蠣。當然，我在意識中知道高級餐廳提供的牡蠣很安全，但是我的身體已經對牡蠣產生抗拒。或許我們聽過有人說「我知道這樣不好，但我就是戒不掉」的理由，酒鬼、癮君子的大腦（意識）都非常清楚，知道吸菸喝酒對身體有害無益，但由於身體（無意識）強烈地渴求尼古丁與酒精，因此他們很難將菸酒戒掉。

意識與大腦相關，無意識與身體反應相關。身體負責感覺，大腦負責思考，思考的時候需要利用語言。下圖大致表現意識與無意識的特徵。無意識又稱為潛意識，曾有學說指出，潛意識能力是意識能力的兩萬倍。如前面恐懼症的例子，**我們並非有意識地編寫程式，而是無意識透過體驗，進行程式的編寫**。

⇩ 程式與一般化

無意識為什麼要編寫程式？

無意識編寫程式，是為了確保「安全與安心」。專家學者研究指出，我們大腦構造與爬蟲類或哺乳類的大腦相同，代表我們在生存方面，動物的欲望還是生活的

［ 意識、無意識的特徵 ］

意識 ＝思考（大腦）＝ 言語
無意識＝ 身體 ＝ 感覺

＊NLP 讓我們充分認識無意識的性質（掌握語言），利用語言控制感覺。

意識 ＝思考（大腦）＝ 言語
↓ ↓
無意識＝ 身體 ＝ 感覺

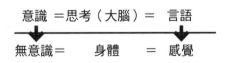

基礎，因此人類會優先滿足自己的生存本能（安心與安全的欲望）。

對年幼的孩童來說，「從高處墜落」與「被狗咬」都是危險體驗。為了確保安全，無意識使我們對「高處」、「狗」產生恐懼，進而遠離這些事物。

無意識還會進而將類似的事件比對，擴大反應範圍，**NLP稱為「一般化」**，**一般化代表「部分與整體的連結」**。舉例來說，如果有人因為被狗咬過，而得到恐懼症，他以後不只害怕咬過自己的狗，可能看到吉娃娃這種小狗都會感到恐懼，甚至害怕所有的狗。

程式與一般化

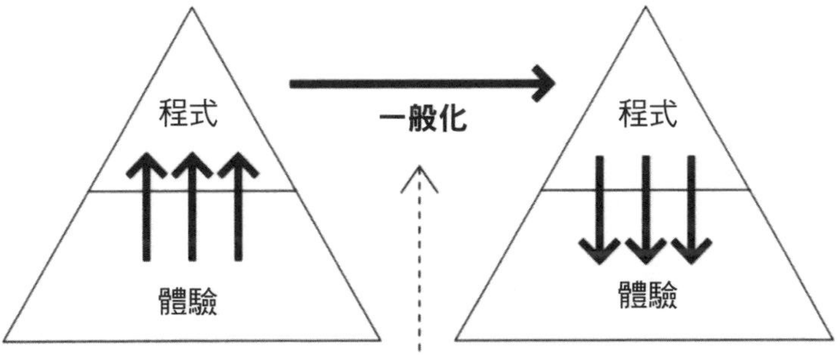

- **體驗會編寫程式**
- **一旦形成程式，程式會反過來支配體驗。**

害怕狗的恐懼症者，除了會害怕「咬過自己的狗」，還會形成一種「所有犬種＝害怕」的程式，即 X=Y。NLP稱之為「一般化」。

一般化代表部分與整體的連結。由於程式缺乏變通性，因此會產生 X=Y 的反應。

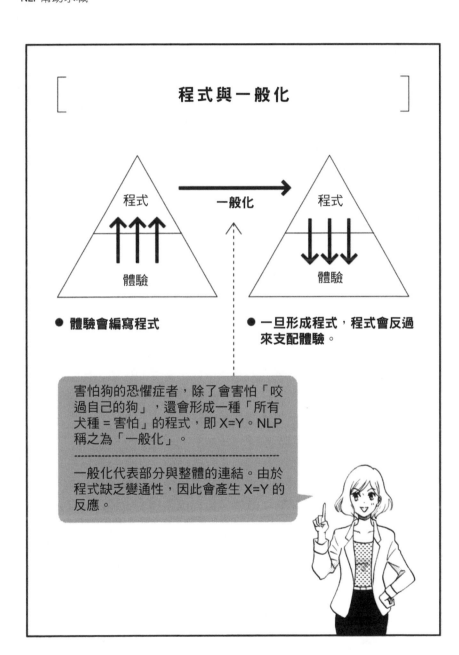

Column 1

「面試」是求職者與企業的相親

常常有人將面試譬喻為「相親」。相親時，男女雙方會與沒見過面的對象約會，見面一、兩次後，兩者間的距離會漸漸縮短。面試和相親有異曲同工之妙。求職者在登錄履歷表時，對業界和公司都還處於一知半解的狀態，但隨著面試的進行，到各個公司拜訪，慢慢會認識不同業界、不同企業的差別，產生想要進入哪個業界、哪家公司的想法。一旦產生想要進入某間公司或業界的志願，就會產生表現的欲望，觸動面試官的心。

在面試時，企業的立場較為強勢，一旦企業選擇求職者，可能會長期相處，因此對企業來說，必須認清雙方是否適合。

相親時，男女雙方不會故意展現自己的缺點，而是會透過觀察外表，以長相、學經歷等來判斷雙方是否適合。但是以婚姻長久共同生活的角度來看，除了外在條件，對方的本質及價值觀才是決定性的部分。面試也是如此，由於企業不可能告知求職者本身的缺點，所以求職者只能憑企業或是業界的形象、待遇（條件）等可見的部分，來進行篩選。**但是企業的基本性質和價值觀是否適合，才是一個好工作最重要的條件**。

出社會後，工作會佔據一個人生活最長的時間，幸福與否，取決於你是否能充實地度過工作的時間。**想要判斷你是否會過得快樂，其中最大標準就是要認清各家企業所培育的人才**。企業風氣會呈現企業的特徵（基本性質與價值觀），決定培育人才的方向。

第一章

求職為何不順利？

如果你在求職時處處碰壁，
你覺得原因出在哪？
這章節，我們要來學習「從屬等級」，
利用這個與意識息息相關的觀點，來徹底剖析「煩惱」。

Story 1
釐清問題的層次
你是詐騙集團吧！
化妝術太強了！
你是什麼意思！
小弟，你穿成那樣是準備去哪？
要去參加兒童節慶祝嗎？
我要去面試啦！
你身上散發一股很廢的味道。
悲壯感嗎？
悶悶
你很煩耶……
不樂
你打算什麼時候開始？
喀拉
咦？
我昨天不是說要教你NLP嗎？

不用了，我會自己努力。
欸……等等！
噠噠噠
噠噠噠
喀啦喀啦、
吭咚吭咚
如果欠她恩情，後果一定會很可怕。
我絕對要拿到今天這家公司的聘書，
喀啦喀啦
吭咚吭咚
為找工作畫下休止符！
沒問題的…我已經把公司的經營理念還有歷史都背起來。
求職書也看過了，面試時該講哪些話也都背得滾瓜爛熟。
公司總裁寫的書也全都讀過。
首先請進行自我介紹。
沒問題…沒問題…
自言自語
喀啦
現在開始進行面試，叫到名字的人請進來。
是的…
緊張緊張
凡事積極進取，抱持正面態度，克服萬難，是我的優點。

學生時期，我積極參與義工活動。
……
希望進入貴公司後，能善用自己的行動力。
以上是我的自我介紹。
好，謝謝。
沒什麼特色。
呼
把背起來的話講完了！
這樣應該沒問題。
你為何選擇我們公司？
就是現在！
這問題在我意料之中啊！
我希望能夠從事對社會有所貢獻的工作，這與貴公司的經營理念不謀而合。
原來如此。
那麼，
你認為對業務員來說，什麼是最重要的？
啊……
為什麼突然提出這種問題？我根本沒有想要做業務工作啊！
啊…那個……
這個嘛……
……
失措
驚慌

……
我換個問題吧！
我回來了。
死氣沉沉…
看來你面試不太順利。
啪擦
靜止不動
我是人資部的，看過不少學生求職。
求職不順的人，都會散發出一股很廢的味道，自我形象很低。
小弟你現在也一樣。
喀啦

不管你想要做什麼，都應該要優先考慮，怎樣做才會被公司錄取。
不要忘記發揮你特有的優點。
啵
講話都照本宣科轉述書上的話，只是扮演別人的角色。
所以，你跟每個面試官講的都不一樣。
或過度迎合面試官。
結果只會讓面試官感覺你缺乏一致性。
討厭啊…我不想聽這些…

然後你會慢慢把自己逼到絕路……
覺得「自己是個廢物」。
這世界太不公平了。反正我就是個廢物。
所以才沒公司要我！
咕嚕
我該怎麼做呢……
你是叫我們這些廢物都不要找工作了嗎？
我昨天不是說過，你其實並不廢啊！
首先找出你的缺點，把模糊不清的部分釐清。
放下

NLP的從屬等級，能幫助釐清價值觀！
咦……？
從屬等級？
這是NLP訓練師──Robert Dilits所開發的一套實用的語言邏輯系統，從屬等級是一個與「意識層次」有關的心智模型。
在這個心智模型裡面，意識由五個不同的層次組合而成，畫成金字塔的形狀。
從屬等級
自我認同
信念、價值觀
能力
行動
環境

層次越高，就會影響我們越深層而重要的部分。
環境
行動
能力
信念、價值觀
自我認同
那、那是什麼意思啊？
呼呼呼……
是不是有點興趣啦？
舉例來說，假設有人誇獎你說「好棒」。
但是這句「好棒」分為五個層次，你的解讀方式也會隨之不同。
首先是環境層次……
環境
唰
如果有人對你說「你的周遭環境好棒喔！」你會覺得怎樣？
啊
沒什麼啊……又不是自己被誇獎…
沒錯，提到環境就會讓你直覺性地認為對方不是在誇獎自己，
外界
而是在誇獎外界那些自己之外的事物，沒錯吧？

接下來是行為。
行為
如果有人對你說「你在當時採取的行動好棒喔！」你會覺得如何？
跟剛才不同，感覺自己被誇獎了！
呼呼呼
感覺越來越起勁了……
蛤！
沒錯，這句話應該會讓你感覺自己受到誇獎，與剛剛的環境層次不同。
請好心人養牠
但以整體來說，你會感覺自己只有被誇獎到表面的部分而已。
接下來是能力層次。
自我認同
信念、價值觀
能　力
行　為
環　境
如果有人跟你說「你在某個領域的資質很棒喔！」
我想比起剛剛的行為，你一定會感覺自己重要的部分受到誇獎了。

接下來是信念、價值觀層次。
自我認同
信念、價值觀
能力
行為
如果有人對你說「你覺得有價值的事物很棒。」
我想你會覺得生存方式得到認同，感覺自己重要的部分受到誇獎，
沒錯。
最後則是自我認同層次喔！
碰
自我認同
信念、價值觀
「你很棒。」
你的存在很棒
自我認同，從印象來看這是你的存在本身。
這是在說你整個人都很棒。
感覺自我認同與剛剛那幾個層次都不同。
沒錯，其他的層次都只是一部分，只有自我認同概括了整體。
整體
自我認同
信念、價值觀
能力
行為
環境
部分
真的耶…
這樣你了解從屬等級的結構嗎？
我是第一次知道意識還有分層次，但那又如何？
自我認同
信念、價值觀
能力
行為
環境

根據這個結構，接下來要提到這個部份的重點。
上層的層次會給下層的層次很大的影響。
影響力
自我認同
信念、價值觀
能力
行為
環境
下層的層次也會給予上層的層次影響，只是影響程度比較小。
影響力
自我認同
信念、價值觀
能力
行為
環境
上層的層次有那麼大的影響力啊？
讓我們用「學習英語」舉例吧！
我很喜歡英語。
那你就把自己代入例子裡想想看吧！
好啊！
你抱著「學習英語能夠豐富人生」的信念。
學習英語能豐富人生
我有這種想法。

學習英語屬於信念、價值觀的層次。
「學習英語能豐富人生」
自我認同
信念、價值觀
能力
行為
你覺得信念層次對下層的層次有何影響呢？
自我認同
信念、價值觀
能力
行為
環境
痾……能力指的就是英語能力吧…
照理來說…
我應該會積極想要提升英語能力啊…
跪坐…
這會對我的行為造成怎樣的影響…
行為嗎？
自我認同
信念、價值觀
能力
行為
環境
我應該會展開具體行動吧？
譬如，背單字、去上英語會話班，或是努力跟外國人說話等等。
哦哦
這個嘛…
嗯
為了能活用英語…

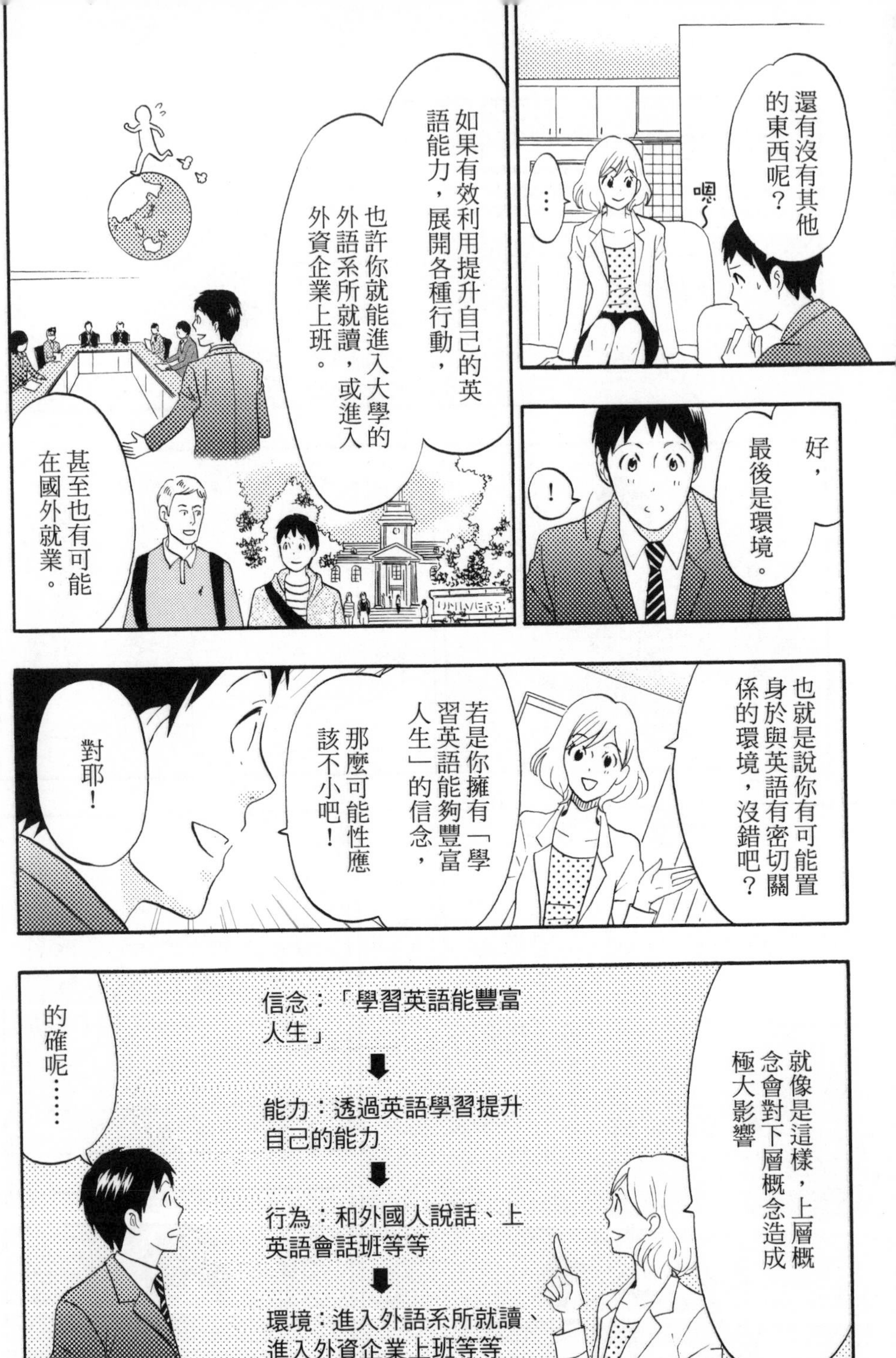

還有沒有其他的東西呢？
嗯～
…
好，最後是環境。
！
如果有效利用提升自己的英語能力，展開各種行動，
也許你就能進入大學的外語系所就讀，或進入外資企業上班。
甚至也有可能在國外就業。
也就是說你有可能置身於與英語有密切關係的環境，沒錯吧？
若是你擁有「學習英語能夠豐富人生」的信念，
那麼可能性應該不小吧！
對耶！
就像是這樣，上層概念會對下層概念造成極大影響
信念：「學習英語能豐富人生」
能力：透過英語學習提升自己的能力
行為：和外國人說話、上英語會話班等等
環境：進入外語系所就讀、進入外資企業上班等等
的確呢……

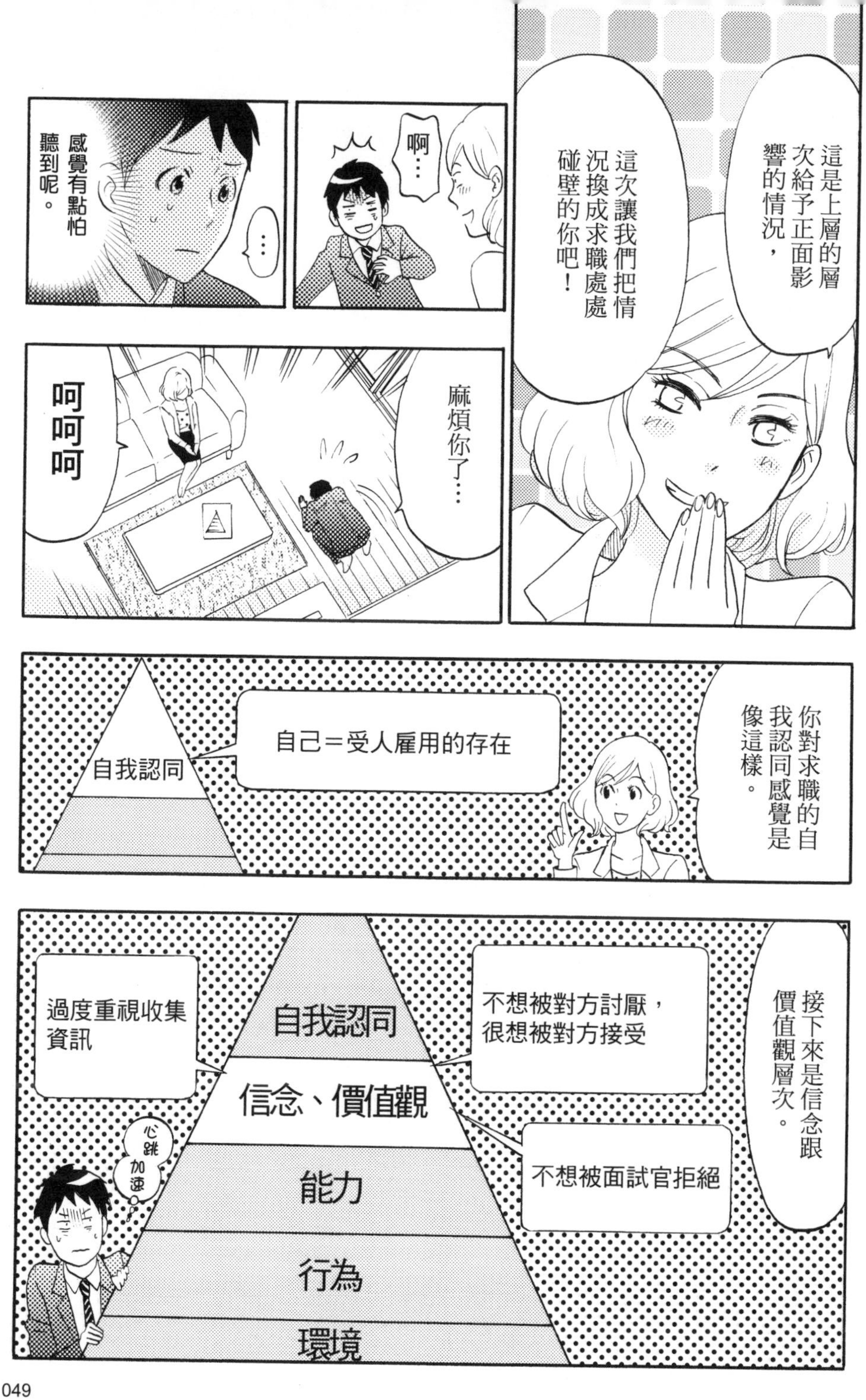
這是上層的層次給予正面影響的情況，
這次讓我們把情況換成求職處處碰壁的你吧！
啊……
……
感覺有點怕聽到呢。
麻煩你了……
呵呵呵
你對求職的自我認同感覺是像這樣。
自己＝受人雇用的存在
自我認同
接下來是信念跟價值觀層次。
不想被對方討厭，很想被對方接受
不想被面試官拒絕
過度重視收集資訊
心跳加速
自我認同
信念、價值觀
能力
行為
環境

吞口水
所以你希望面試官問你不痛不癢的問題，抱著「面試＝絕對不能失敗」的保守價值觀。
信念的問題是出在太過保守啊…
咦…
自我認同
能力
行為
環境
能力
於是信念就會影響能力層次，導致你過度迎合對方，
而讓溝通模式固定而僵化，失去自我風格。
…
你會過度在意對方的一舉一動，神經變得敏感，
為了面試不要失敗，你會強背惡補一堆知識，但一旦面試官提出預料之外的問題，你很容易就會被問倒，這種準備很缺乏彈性。
不知道是否因為學會了從屬等級，讓我看事情的角度也變得不一樣，現在可以明確掌握自己的問題…
剛剛她是在告訴我，我在能力層次的某個部分出了問題啊…

為什麼我之前會說自己是廢物呢？
抓緊
自我認同
信念、價值觀
能力
行為
環境
緊張不安、缺乏魄力
為屢戰屢敗而陷入惡性循環，連面試的第二關都過不了。
你的行為層次太過緊張不安，缺乏魄力。
你的環境層次則是因為屢戰屢敗而陷入惡性循環，連面試的第二關都過不了。
試著透過從屬等級來分析你的情況，大概就是這樣，
如何？
我瞭解從屬等級的意義了。
但是…瞭解了又能怎樣？
我不是說過了嗎？
你要改變想法。

上層的層次會對下層的層次造成影響，
如果你想改變自己，改變上層的層次很重要！
也就是說，
要把你這種在求職路上處處碰壁的自我認同，
改變成你在求職路上走得一帆風順的自我認同啊！
哇啊！

我能做得到嗎？
當然可以，我也做到了啊！
咦？我也……
沒事啦！沒事啦！
你不該問能否做到 做就對了！
緊抓
你再這樣持疑下去，求職就要結束啦！
求職就是要短期決定勝負啊！
閃閃發亮
是、是的……
總覺得她很樂在其中啊…

1 從屬等級能幫助解讀意識，什麼是解讀意識？

⇩什麼是從屬等級？

本書主角小希因為求職處處碰壁，所以認為自己「是個廢物」，此時小咲把從屬等級推薦給他。從屬等級是一種與意識有關的心智模型，可以幫助我們「自我理解」，進行「狀態管理」等等，我們可以活用做為改變自己的工具。

請各位看到五十五頁的圖。從金字塔底部由下往上數起，各層次依序是「環境」、「行為」、「能力」、「信念、價值觀」、「自我認同」，每個層次都會相互影響。

我提供一些句子，幫助各位體驗從屬等級的各個層次，請在進行時把自己代入其中。

首先是「環境層次」，句子是「**你現在身處的環境很棒**」。

假設有人對你說「你現在身處的環境很棒」，而你也的確置身很棒的環境，如果聽到這樣的句子，你的感覺如何？

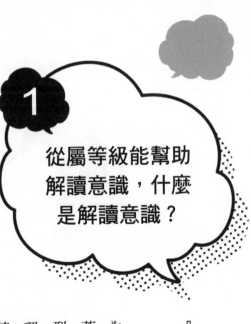

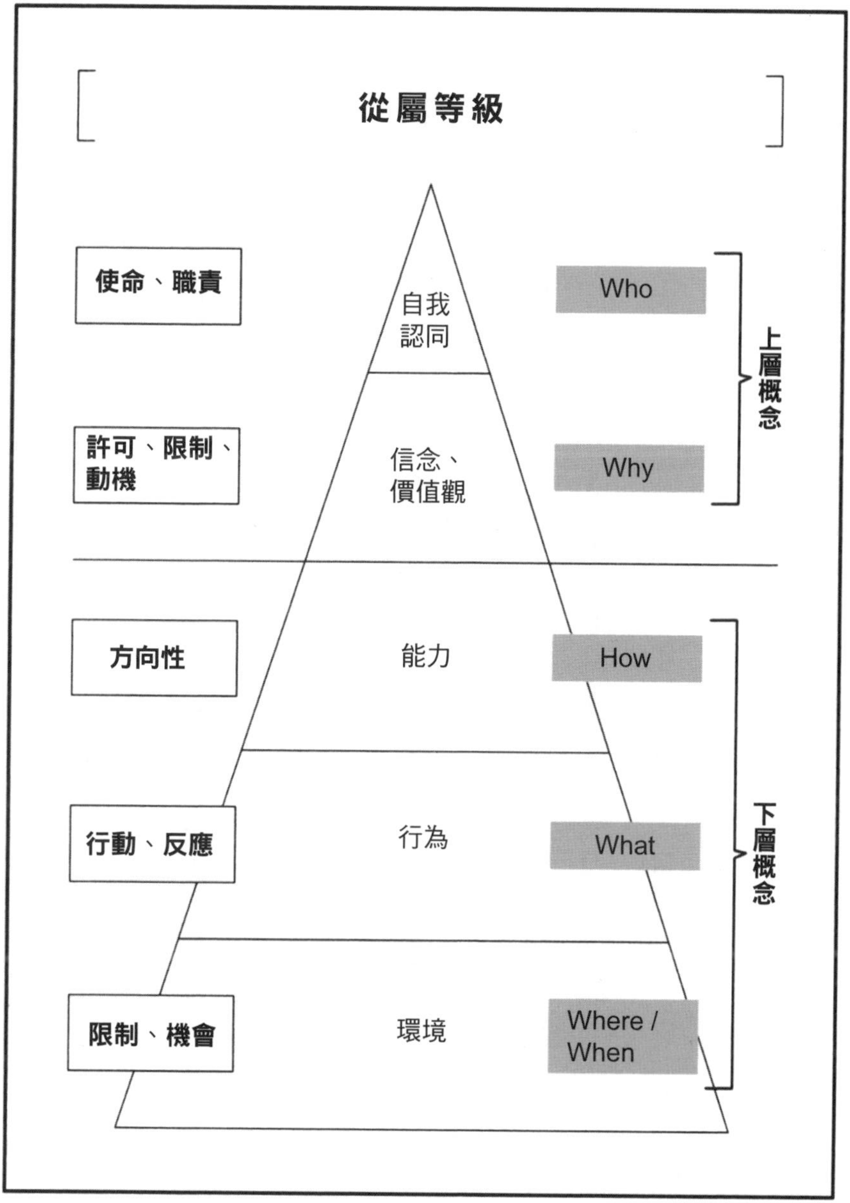
從屬等級
使命、職責
自我認同
Who
許可、限制、動機
信念、價值觀
Why
上層概念
方向性
能力
How
行動、反應
行為
What
限制、機會
環境
Where / When
下層概念

恐怕你並不會覺得是自己受到誇獎，而是外界週遭的事物受到誇獎。感覺事不關己，就不會有什麼反應。

接下來是「行為層次」，句子是「**你在當時採取的行動**（**行為**）**好棒喔！**」這時你要覺得是自己過去採取的某個行為受到誇獎，譬如，「因為有禮貌而受到誇獎」等等。

現在應該不會感覺到是自己以外的事物受到誇獎，而是感受到自己被誇獎。總的來說，我想你應該會直覺地感受到是表層受到誇獎吧？

比起「環境層次」你還是感覺自己受到誇獎了，因此反應較為強烈，沒錯吧？

接下來是「能力層次」。「能力層次」的句子是「**你在○○方面擁有非常棒的資質**（**能力**）。」這時你可以具體舉出自認擅長的能力（資質），認為是這部分受到誇獎了。舉例來說，你可以認為有人誇獎你「很會搞笑」、「充滿熱情地向他人自我推銷」等等。

如果你得意而自豪的「能力」（資質）受到他人誇獎，你會有何感受？

我想應該會與「行為」相同，感覺自己受到誇獎，但比起聽到稱讚「行為」

的句子，對大多數人而言，稱讚「能力」會感覺自己更重要的部分受到誇獎。

⇩ 誇獎的感受會隨著「層次」改變

在這裡我想讓各位看看「環境層次」、「行為層次」、「能力層次」的差別。

「你現在身處的環境很棒。」（環境層次）
「你在當時採取的行動好棒喔！」（行為層次）
「你在〇〇方面擁有非常棒的資質（能力）。」（能力層次）

這三個句子不外乎都是在誇獎你「很棒」。但是感受（反應）卻有所不同，因為誇獎的層次不同。你是不是對「能力層次」的句子有較大的情緒反應？

「環境層次」與自己無關，而「行為層次」則只是誇獎自己某個表面行為，但各位在聽到「能力層次」的誇獎時，會感覺自己重要的部分受到誇獎。

即便是相同的誇獎，層次不同、反應大小也會跟著改變。所以層次越深，反應會越為強烈。

因為層次越深，越會感覺自己的重要的部分受到誇獎。

⇩「行為層次」與「能力層次」的差異

在此向各位說明「行為層次」與「能力層次」的差異。

「行為層次」指的就是行為。譬如，「按壓鋼琴鍵盤」的動作，就屬於行為。

相對地，「能力層次」則是「能夠彈奏鋼琴曲」。

相信各位都會按壓鋼琴鍵盤吧？但會用鋼琴彈奏樂曲的人比較少。彈奏鋼琴曲不只是單純的行為，而是需要有能力、組織性地運作手指。

能力在這裡有兩個面向，其一是「能力可以提升」，其二則是「能力會受到資質影響」。

剛才向各位提到「彈奏鋼琴」是一種能力。只要持續進行彈鋼琴訓練，能力就能得到開發，這就是「能力可以提升」的原因。但即便有很多人在相同的時間練習彈鋼琴，進步的幅度仍會出現各別差異。有天份的人能在短時間內獲得很大的進步，沒有天份的人，進步幅度就相當緩慢。因為「能力會受到資質影響」。

「信念、價值觀層次」影響能力的發揮

「信念、價值觀層次」的句子是「**你覺得有價值的事物很棒**」。我希望你這時可以具體想一下你覺得珍貴的價值觀，然後有人誇獎這部分「很棒」。

假設你非常珍視的價值觀是「在生活上充滿熱情」，有人誇獎它「很棒」時你感覺如何？一一七頁的內容與價值觀有關，各位可以參考看看。當自己的信念及價值觀受到誇獎，比起前面三個層次（環境、行為、能力）受到誇獎，相信會產生更大的反應。

如同我已經在前面說過的，價值觀是屬於無意識層次的程式，會表現出個人好惡等「生存標準（生存方式）」。假設有個男人具有彈奏鋼琴的天份，如果他並不喜歡彈奏鋼琴，那麼最後他的天份就不會開花結果。像是五十五頁的圖中，信念、價值觀代表的是動機。假如一個人對鋼琴抱著正面積極的價值

觀，就能更完整地發揮自己的能力，而負面消極的價值觀則會大大影響發揮的能力。

最後是「自我認同層次」。自我認同簡單來說就是「對自己抱持的看法」，表現的形式為「我是某某」。

「自我認同層次」的句子表現為「**你很棒**（**你=很棒**）」，從這個句子表現，可以發現，此層次不是在誇獎你的「某個部分」，而是在誇獎你的「整體」。而相對地，環境、行為、能力、信念、價值觀則是在誇獎你的「某個部分」而不是「整體」。我們擁有各式各樣的能力與價值觀，即便受到誇獎，也會覺得不過是諸多價值觀與能力之一受到誇獎。自我認同層次受到誇獎，會感覺是整體存在受到誇獎，進而給予我們較大的影響。

【用來體驗從屬等級各個層次的句子】

①你現在身處的環境很棒 → 環境層次

②你在當時採取的行動好棒喔！ → 行為層次

③你在 OO 方面擁有非常棒的資質（能力） → 能力層次

④你覺得有價值的事物很棒 → 信念、價值觀層次

⑤你很棒 → 自我認同層次

當有人誇獎你的環境、行為、能力、信念、價值觀時，都只是對部分進行誇獎，而不是你的整體。當有人誇獎你的自我認同時，因為是在誇獎你的整體，所以會給予你很大的影響。

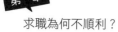

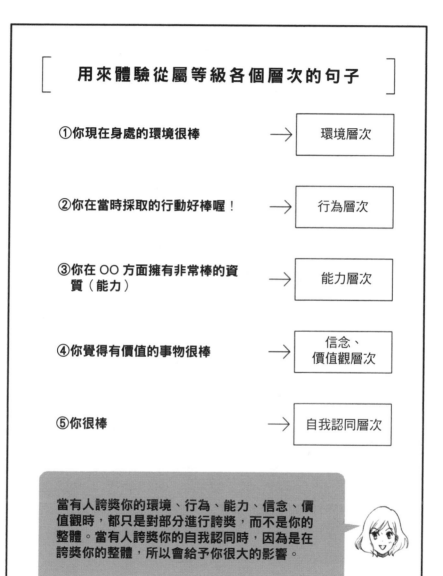

2 什麼是自我認同？

⇩自我認同就是「自我形象」

在六十頁已經向各位提過，自我認同的表現形式為「我是某某」。

國籍是最簡單易懂的例子，就像每個國家的人，會下意識地抱著「我是某國人（我＝某國人）」的自我認同。大學母校也是一種自我認同，如果你是東京大學的學生，你就會擁有「我是東大學生」的自我認同。另外諸如「我是鋼琴家」等等，職業也是一種自我認同，又或者是「我很優秀（無能）」等，當你相信自己擁有某種特質，這種「個人特質」也會成為你的自我認同。

自我認同就是我們貼在自己身上的「自我形象」。因為「我是某國人」、「我是東大學生」、「我是鋼琴家」、「我很優秀（無能）」等等，這些全都只是我們加諸於自己身上的標籤（印象），是可以更換的。

先不要管進行起來簡單與否，舉例來說，如果長年居住國外，就有可能改變自己的國籍。大學畢業後，因為進入赫赫有名的國外大學就讀，而改變最高學歷。鋼琴家同樣能轉職為室內設計師。如此一來，因職業形成的自我形象就會跟著改變。**自我認同是一種可更換的印象**。但有許多人不知道自我認同能更換，而深受自我認同的限制。

⇩ 比較標準不同，自我認同也會不同

自我認同與「畢業母校」、「職業」等現實（非憑空想像）的職稱有關，因此代表實際狀況。但是如「我很優秀」、「我很無能」這些自我形象，是以什麼當作標準呢？

稍微動腦想想就能明白，我們抱持的價值觀，創造「價值標準」，這些標準則創造評價（自我認同）。舉例來說，完美主義的人擁有很高的價值標準，即使考試成績拿到九十九分也不會滿意，反而感覺「自己無能」，不覺得自己優秀。

如果有人不在意考試分數，九十九分就是讓人驚喜的好分數。這時候很容

易會擁有「自己很優秀」的自我形象。**很多時候「自我形象」是自己極為主觀而妄下定論的「自以為是」**。

當一個人將「我是東大學生」等「實際存在的頭銜」與「自我」相結合時，會對這個身分產生正向的認知，也可能會對這個身分產生負面認知，但決定這些認知的，是自己的標準。

舉例來說，我有個朋友努力準備考試，以進入東京大學（東大，日本第一名校）就讀為目標；但是他最終沒能考上東京大學，最後進入了慶應義塾大學（日本傳統名校之一）。他有位高中同學在模擬考成績較低，卻成功考進東京大學，讓他相當不服氣。他沒辦法接受自己「慶應大學學生」的身分，一度深受其苦。而在考試時以慶應義塾大學做為第一志願的人，若能成功考上，想必會對「慶應大學學生」這個身分感到相當自豪。因此根據比較標準不同，對身分所抱持的價值觀也會南轅北轍。

⇩自我認同可以改變！

三十二頁說明程式的部分，我指出「一般化」是程式的特徵之一。**一般化代表「部分與整體的連結」**。**自我認同的表現方法則是「我是某**

某」，這裡的「我」指整體，所以這是一般化的表現。若是將「我很無能（我＝無能）」一般化，那這個人就抱著很極端的自以為是想法。**但這並不是「真實情況」，而是一種「自以為是」**。

舉例來說，在數學考試抱蛋，就有可能把「我不擅長數學」這件事一般化。某個層面來講，這包含著真實情況。考了零分這種過於極端的分數，則有可能把一般化的範圍擴大，由此產生「我不會讀書」的自我認同。事實上，一個人就算不擅長數學，不代表其他科目都讀不好。若是受到刺激（強烈的體驗），無意識就會迅速編寫程式，使當事人以為自己真的不擅長讀書。

許多人因而抱持極端的價值觀與自我認同，深深受到自我否定的折磨。但折磨自己的只是印象，這當然有辦法改變。

就業求職屢戰屢敗的人，只是因為在求職的面試中受挫，導致自己抱著極端的一般化（自以為是）。一三三頁會介紹相關方法，幫助我們改變這些自以為是的想法。

3 5W1H思考從屬等級

⇩環境層次是 Where 與 When

羅勃・帝爾茲（Robert Dilts）開發從屬等級，他發現從屬等級的各個層次與英語主要疑問詞之間具有關係。關係列於五十五頁的圖右。利用Where、When（環境）、What（行為）、How（能力）、Why（信念、價值觀）、Who（自我認同）等疑問詞，進行自問自答，幫助我們思考什麼職業適合自己。

各位可以發現，環境層次的疑問詞是用Where與When。不管你是否喜歡，每個人隨時隨地都會受到環境影響。就業求職，意指身處特定地點，花費時間完成特定工作。從Where與When開始思考，能明確定義環境層次。

⇩行動層次是 What

行為層次是透過問說What（什麼？），來明確定義行為對象。舉個例子，汽車銷售公司業務部門的員工，都是負責相同的工作內容。

若有人問這個部門的員工說：「你都在公司負責些什麼工作（What）？」想必會得到「我負責銷售汽車」或「我負責跑業務」的答案，前文已提到，「按壓鋼琴鍵盤」的動作，是屬於行為層次的一種。我們可以發現，「工作種類」同樣屬於行為層次（What表示該做什麼事）。

⇩能力層次是How

能力層次與How有所關聯。在五十八頁，說明行為與能力的差別，也提到能力的兩個面向，其一是「能力可以提升」，其二則是「能力會受到資質影響」。剛才的例子，若有一名新員工被調至業務部門，他的銷售經驗不多，想必深耕於業務部門十年的資深業務一定會賣得比較好。這是透過十年來的經驗（訓練），資深業務的能力而得到開發。有時候也會出現一些銷售才能（資質）極佳的人才，也許入行三年，銷售成績就超過入行十年的資深業務。能力會受到資質影響。

任職於業務部門的員工，工作種類（What表示該做什麼事）相同，但是各人發揮能力的方式卻有所不同。差別會顯現在銷售方法（How）上。能力常會顯現在「行為舉止」與「行動」的方法（方式），透過詢問How可以明確定義能力。

信念、價值觀層次是 Why

我們可以透過詢問疑問詞Why，明確定義信念及價值觀層次。求職時，如果你想進入某個業界，你可以詢問自己為什麼（Why）會想進入這個行業。透過詢問來了解你的價值觀。

舉例來說，我當年求職時，是以工作類型作為優先考量，但有些人會認為業界比工作類型更重要。有人的目標是進入蘋果電腦或是SONY等特定企業。以我的例子來說，我當年求職時想成為一名經營顧問，理由是「我喜歡教學」、「感覺工作變化豐富」、「給人一種優秀又帥氣的印象」，顧問業完全可滿足我當時的價值觀。

⇩自我認同層次是Who

自我認同層次的焦點在於自我存在，因此與who（你是誰）有所關聯。**這代表著進行詢問，藉此發現自己的社會使命及職責**。從屬等級會將自我認同層次表現為「我是某某」。剛開始就業求職，各位會抱著諸多疑問，像是「我到底想從事什麼工作」、「我該進入哪家公司？」等。

透過就業求職，明確發現「自己在這個世界的存在意義」，「自己在這個世界的存在意義」是一種深層意義上的自我認同，會以「我是一個怎樣的存在」這個形式肯定自己。以我來說，「我是一名教學者」，存在意義從當年求職以來，直到現在都未曾改變過。從「經營顧問公司」、「補習班」，到「獨立成為一名研習會講師」，雖然在職涯上越走越遠，但我的工作始終與教學脫離不了關係。發現「自己在這個世界存在的意義」，產生一致性，在前進的腳步上沒有迷惘，是就業求職時最為有力的武器。

4 從屬等級與一致性

從屬等級的關係密切

從屬等級各層次間的關係相當密切，對我們的許多活動都造成影響。舉例來說，「有人家裡有平台鋼琴」，這屬於環境層次。「按壓鋼琴鍵盤」屬於行為層次。「利用鋼琴彈奏一首優美的曲子」屬於能力層次。「想要透過鋼琴讓更多人的人生多采多姿」這想法屬於信念、價值觀層次。身為一名鋼琴家的自我認同，涵蓋上述所有層次。

我曾在某次講座，要求「高中時喜歡英語的人」舉手，結果台下有兩位女性舉起了手。於是我就詢問這兩位女性大學就讀哪個科系，其中一名女性回答英語系，另一名則回答外語系。我進一步詢問兩人目前的工作，結果其中一名女性任職於英語會話補習班，另一名女性則於外商藥品企業服務。

這個例子就是「信念（價值觀）創造人生」的良好例子。

⇩大腦追求快感而逃避疼痛（快感、疼痛的法則）

從屬等級將自我認同與信念、價值觀等層次，稱為上層概念，將能力、行為、環境，稱為下層概念。上層概念對我們造成極大影響，若產生變化，必定會影響到下層概念。下層概念的變化也會給予上層概念影響，但不一定會產生變化。

我們來想想剛才那個喜歡英語的例子。那兩位女性會喜歡英語，是因為對英語學習抱持肯定的價值觀（信念、價值觀層次），促進她們發揮與英語有關的能力（能力層次）。這是因為大腦會「**追求快感而逃避疼痛（快感、疼痛的法則）**」。

前文提到，無意識會追求安全及安心。無意識將受傷等物理層面的「疼痛」，及壓力等精神層面的「疼痛」視為危險因子，認為它們會對身體造成損害，而編寫程式，避開危險。在學習不擅長的科目時，你是否會感到壓力，遲遲無法進入學習狀態，注意力渙散，導致學習效率降低呢？這都是因為你的無意識處於抗拒狀態。抱著負面的價值觀（程式），能力自然會受到限制。

大腦會追求「快感」，因為人體感受到「快感」時，腦內會分泌多巴胺提高免疫能力的激素，促進身體健康。滿足我們想要長命百歲的生存本能。

專家學者指出，信念、價值觀與人體的感性腦（意即右腦）有深厚的關係。正面積極的情感會創造動機，促使我們去做一件事；而負面消極的情感則會抑制我們行動。在發揮自己能力也一樣，若與老師不合，會討厭讀書，即便學習能力多高，在發揮上照樣會受到極大限制，原本出類拔萃的學習能力就無法得到磨練。

與求職時發揮能力有相同的情況。幾乎所有求職者都具備應該在面試時發揮能力。有些人覺得自己不擅長面試，所以對溝通的意識有強烈的自卑感（負面消極的自我認同、在面試時認為「自己這種貨色根本沒價值」等等）時，會無法發揮自己的能力。稍後將向各位介紹改善負面印象的技巧。

⇩上層概念（價值觀）對下層概念（能力、行為、環境）造成影響的例子

剛才那兩位女性在學生時代對英語抱著肯定的價值觀。

由於那兩位女性都很喜歡英語，理所當然會對英語學習樂在其中。因為大

腦會追求「快感」，所以她們能在英語學習上發揮一百二十%（超過平常）的能力，積極展開行動。行為產生改變。兩人在學生時代曾經前往國外短期留學，也曾在英語會話補習班學習，兩人在生活融入了越來越多的英語。最後決定進入相關企業就職。

價值觀（信念、價值觀層次）促進能力開發（能力層次），促使我們展開積極的行動（行為層次），決定了身處環境（環境層次）。

若有人曾與外國人有過不愉快的經驗，導致對英語抱持負面消極的價值觀，情況又會如何？由於對英語學習一事產生厭惡感，連帶使英語能力（能力）不會得到提升，所以會盡可能避免利用英語（行為層次），最後就會選擇進入英語比重較低的科系就讀（環境層次）。

5 求職順利者與失敗者的差異

求職失敗者的類型

我在這一節試著利用從屬等級來分析求職「失敗者」，與「順利者」的差別。這是我結合輔導求職的學生及中途轉職者的經驗，並參考學習過ＮＬＰ的人資主管、職涯諮商師的意見，統整出來的類型，僅供參考，「失敗者」與「順利者」不一定完全與此相同。

從「失敗者」開始。請看七十五頁的表格。

「失敗者」對自己缺乏自信，不知道自己究竟想從事什麼樣的工作，他們只關心自己是不是求職公司需要的人才。結果疏於發現自己的優點，根據面試官不同，他們會回應不同的台詞，只為了迎合面試官，而扮演一個完全不同於自己的角色，這樣會讓面試官感覺到求職者缺乏自己的想法。

談話內容流於書本的知識，導致說話不自然。

把這種情形套入從屬等級來分析。如同前文所做的說明，上層概念會創造

求職順利者，與失敗者的差異

●失敗者的類型分析

自我認同	→ 自己＝受人雇用的存在
信念、價值觀	→ 抱持過份保守的價值觀
能力	→ 過度迎合他人，無法發揮個人特色
行為（反應）	→ 侷促不安，雖然不至於讓人討厭，但缺乏吸引力。
環境（制約、機會）	→ 在面試被刷下來

●順利者的類型分析

自我認同	→ 自己＝能夠做到某事的存在
信念、價值觀	→ 面試＝推銷自己的機會
能力	→ 首尾連貫，配合面試官進行談話
行為（反應）	→ 行為舉止落落大方，令人欣賞，沉著應對（具有一種處變不驚的自信）
環境（制約、機會）	→ 順利通過面試，取得聘書

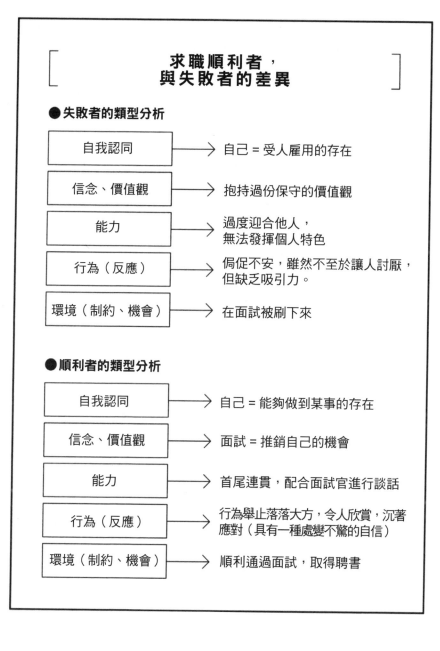

自己最後身處的狀況。因此在這裡讓我們從從屬等級最為核心的部分，自我認同層次開始看起。自我形象低落且缺乏自信，是求職失敗者的共同特徵。如果用一句話來形容陷入這狀態當事人的自我認同，就是「自己（我）＝受人雇用的存在」的一般化。

以下有幾種支持著這種自我認同的代表性價值觀、信念。諸如：「對方接受我才是重點（自己無法得到他人接受）」、「過度重視收集資訊」、「面試＝絕對不可以失敗」，這些價值觀都過於保守。結果導致自己的防衛意識過重。由於不想被面試官拒絕，所以要求自己在面試的應答表現中規中矩。

這樣不能說價值觀不好，因為每個人都在追求安全、安心，我想即便程度有所差異，但我們不能說這些價值觀有錯，請想成因為這些價值觀傾向過於強烈，造成當事人會過度的防衛，導致能力難以發揮。

如果過度重視這些價值觀，能力層次會受到限制，諸如：「溝通風格過度迎合他人（失去個人特色）」、「過度在意他人的一舉手一投足（變得過度敏感）」、「為了不想在面試落選，準備自薦的內容很僵化」、「面試官提出預料外的問題，很容易會被問倒（缺乏臨機應變）」等等。行為就會變得「侷促不安」、「雖然不至於讓人討厭，但缺乏吸引入」。

這些影響遍及所有層次，環境層次會因此陷入屢戰屢敗的嚴峻處境，最後很難通過正式的面試，或在面試的第二關被刷下來。

⇩求職順利者的類型

求職順利的人，一開始就擁有明確的目標意識，知道自己想要做什麼。這種人很專注自己未來想要開發的能力，並開始進行相關的學習（為將來做準備、一步步慢慢準備、做事情不會漫無計畫）。

他們重視面試官是否能理解自己的意見，是否能在公司一展長才，因此會注意該採取怎樣的表達方法，才能讓面試官對自己有深刻印象。

他們常能與面試官相談甚歡，由於給予他人尊重，他人也會正面地接受他們的意見。

在面試官的眼裡，這類求職者「待人處世前後一致，能以柔軟的態度去配合周遭人事物」。他們不失個人主見，還具有一種能說服他人的柔軟態度，這才是能幫助企業經營的人才。

試著將這種情況套入從屬等級。

求職順利的人，他們的自我認同是「自己=能夠做到某某的存在」。譬如說，「自己是能對公司有貢獻的存在」、「自己的資質能在將來對公司有所貢獻」等等。從這些表現來看，這類型的自我形象很高。

信念、價值觀層次可以列舉出「自己很擅長某事物（有價值的事物）」、「自己喜歡某事物（有價值的事物）」等等。能講出自己真正喜歡做的事、擅長的事，若是沒能傳達給面試官，他們會感覺這是一種機會損失。他們抱著「面試=可以自我推銷的良機」這種價值觀。

接下來是能力層次。若擁有上述的自我認同及價值觀，自然能向面試官傳達自己的真實想法。他們講的是自己真正的想法，而不是講出印在書本上面的刻板知識。

他們說的是自己充分理解消化的內容，因此連貫一致，而且能在對話中配合談話對象。不論說話技巧如何，他們都擁有「確切表達自己想法」的溝通能力。請各位記得，面試官想要知道求職者有怎樣的人格特質，而不想聽一些矯揉造作的答案。

行為帶給人一種生動活潑的印象。當一個人的自我形象極高，有健全價值觀與能力時，可以充分展現個人特質，讓面試官對求職者的一言一行產生「行為舉止落落大方，卻不會令人討厭」、「沉著應對（具有處變不驚的自信）」等評價。

這種求職者當然能贏得面試官的好感，在其他環境（環境層次）也應該會與許多人保持親近的關係。從結果來看，他們的環境（狀況）求職容易成功。

畢竟這樣的資優生實屬少見，自我形象及價值觀是日積月累才能形成。請大家活用ＮＬＰ的技巧，朝向自己的理想狀態邁進。

Column 2

面試不是說故事，而是呈現事實

面試時，面試官想知道的是你擁有怎樣的個性，及你的個性是否能對公司有益。不只是從「你做過什麼（What=行為層次）」，面試官能從「你怎麼去做（How=能力層次）」及「為什麼做（Why=信念、價值觀層次）」看出你的個性。

讓我們假設，面試官問你說：「你有發揮自己領袖風範的經驗嗎？」而你將「我曾經擔任排球隊隊長，統率球隊一同打進了全國大賽」此一事實（行為）告訴面試官。打進全國大賽是非常厲害沒錯，但這樣做，面試官並不知道此經驗是否能夠運用在工作方面。

假設同樣一個問題，你的回答卻是：「我雖然不是球隊裡的隊長，但為了球隊能團結一致，我仔細地聆聽隊長的方針和隊員的不滿，努力去認同隊員們的主張，盡可能讓他們去理解隊長的主張。我毫無保留地將隊員的不滿透露給隊長，一起思考解決方法」，情況會如何改變？面試官就能發現你具有「重視團隊合作的意志」、「凡事公平對待的能力」、「解決問題的能力」等人格特質。

面試的時候，將自己的個性（能力、價值觀）傳達給面試官，這樣面試官容易判斷你的個性是否對工作有幫助。此時再添加客觀事實，統整說明，讓面試官看見「你如何做」、「你為何做」等要素的具體事實，你的自我介紹就能「打動」面試官。

第二章

脫離「過去失敗的自己」！

事件原本是透明無色，人們卻透過因人而異的程式，譬如，因為價值觀，而對事件染上一層色彩。
本章要來講解如何改變對事物的看法。

Story 2
二流大學進不了大企業？
就業求職講座
請各位在發下去的紙上，寫出自己求職的目標企業。
求職已經邁入中期，我得重新審視自己——。
第一志願是……
你想進哪家公司？
……
二井商社。
哇！商社耶，不錯啊！我要進田村證券。
唉……
我們這所大學的人，怎麼可能進入那種大企業啊……
話雖如此，我自己的目標企業也都是名聲顯赫的大企業……
就業指南
○○○
××
□□□ △△△
小希，我可以看看你寫的嗎？
唰
嗯……

是…是沒什麼關係啦！
好厲害喔！全都是大企業耶！
哈哈哈，我想像我們學校這種二流大學，應該是進不去吧！
選填志願是個人自由嘛！
小希一定可以順利進去的！
小惠太溫柔了吧…
也讓我看看吧！
哈～囉
哇啊！
小咲！
站起

有什麼問題嗎？
沒、沒有……對不起。
稍微讓我擠一下。
擠進來
……
好、好的……
小咲！
為什麼你會在這裡出現啦！
我很好奇你讀怎樣的學校啊！
咦，您是？
是小希的朋友嗎？
我是他的姊姊…
原來你有姊姊啊…
一言難盡。
……
你們是男女朋友嗎？
小弟還蠻有一套的嘛！
咦？
呵呵呵
不是啦…我們不是那種關係。
我們是朋友。
斷然表示
深受打擊
也不用講得那麼篤定啊…
外校人士私自跑進學校是不對的。
竊竊
你也會講這麼死板的話喔！
私語
明明就只會喝可爾必斯…

現在跟可爾必斯無關吧！
太天～真，你可是最喜歡可爾必斯的小朋友耶，對吧～
我也很喜歡喝可爾必斯喔！
資優生發言！
小惠！
請你們離開這間教室！
cafe
可惡，重要的就業講座耶，就因為你的關係害我們被趕出來了。
好啦！沒關係吧！
唰
因為姊姊我教會你許多東西了。
……
你別講的那麼猥褻啦！
不是你想像的那樣啊！
……
呵呵
小惠！
小弟你的目標企業是哪間啊？
咦？
剛才聽小惠講，全部都是大企業，對吧？
小弟果然也想要進大企業。
我目標不能進大企業嗎？

!!
我沒有說不行，
我很好奇，你們是否抱著非進入大企業不可的價值觀，讓自己跟這種價值觀過度同化，而感到痛苦？
抱著非進入大企業不可的價值觀、
讓自己與這種價值觀同化……？
因為自我認同與價值觀合而為一，所以才會感到痛苦。
我們必須將這兩個東西分開來看。
自己
自我認同
非進大企業不可的價值觀
信念、價值觀
能力
行為
環境
分離
合而為一

什麼是分離？
我舉個行為與自我認同分離的例子。
假設有人說：「我是氣喘患者」
另一個人則說：「我有氣喘的症狀」
我是氣喘患者
A
我有氣喘的症狀
B
後者的症狀常常會較快痊癒，令人嘖嘖稱奇。
我≠氣喘
B
意思是說，只要將自己跟症狀區隔開來就行了嗎？
沒錯，因為自我認同會對下層的層次造成極大影響
影響較大
自我認同
信念、價值觀
能力
行為
環境
只要我們在想法上將自我認同與症狀區隔開來，身體就會得到認知。
可是大企業的經營非常穩定，大家不是都很想要進去嗎？
那我們只要改變自己對大企業的價值觀就好啦！
改變價值觀？
沒錯，事物本來的價值都是「透明無色的」。
事物

大企業＝穩定
這是我們透過體驗或經驗而編寫的程式，實際上並不能說它是好還是壞。
大企業
強烈的刺激會在人體內編寫程式，程式會因為重複而變得更堅固，
大企業＝穩定，是因為你們從小到大都在各種地方看見或是聽到相關資訊，而形成的價值觀。
穩定
穩定
搞不好真的是這樣…
但是我們要改變價值觀很不容易。
我們可以透過換框法改變體內的程式喔！
換框法？
「換框法」就是重建事物的框架，不管是價值觀還是其他事物都可以改變。
事物
事物
事物
事物
事物
事物
如果能做得到，我也不用這麼辛苦了。
再舉個例子…
不是有個東西叫履歷表嗎？
唉呦

你喜歡寫履歷表嗎？
輕搖
怎麼可能會喜歡…
要寫好幾張同樣的表格提交給不同公司，而且寫起來也很累…
超麻煩的。
原來你這麼討厭啊…
是喔？我還挺喜歡寫履歷表的，感覺看著欄位越寫越滿，
咦？
就有一種把自己的經驗濃縮在裡面的感覺，不覺得很棒嗎？
因為我寫不滿啊…
…
每個人對履歷表的印象都不同，所以履歷表本身也沒有好與壞的分別，
事物
它是透明無色的。
只要稍微改變履歷表，就能進行換框法。
！
人生是一條漫漫長路，只有現在，才有機會好好思考自己的事情。
也許還能發現一些自己尚未發現的長處。
這樣不覺得寫履歷表很不錯嗎？
咦？
正視自我。

之前我都拿一些求職教學書當參考，書寫履歷表，怕自己不小心會寫錯⋯
如果我可以正視自我，將大腦裡的想法寫在履歷表上，
也許在面試時，我就能講得比較有條理。
看來，履歷表也不是個壞東西嘛！
只要利用換框法，看事物的角度就會出現一八〇度的變化呢！
想法改變了，反應也會跟著改變喔！
小咲！
原來你在這裡。
！
是就業指導組的舟木先生。
我找了你好久。
咦？你認識小咲啊？
她是這裡的校友。
咦咦咦咦
咦咦？
站
起
唉啊！講出來了。
因為她是在人資部門上班，所以我想要她以校友的身分給學弟妹們一些建議。
所以她才會出現在大學裡啊⋯
那我就不打擾囉！
⋯

沒想到小咲是我們學校的校友。
啊!?
你姊姊好酷喔!
我也要變成跟她一樣的專業人士!
氣勢
小惠你保持原樣就好了啦!
她在家裡一整個很誇張。
哈啾
你感冒了?
喋喋
不休
嗚嗚……

你在幹嘛？
嚇一跳
喂！
迅速轉頭
回家至少講一句我回來了吧！
心跳加速
因為我一打開玄關門，
就聽到有人在那裏低聲呻吟的嗯嗯啊。
我回來…
嗯～
是怎樣？
我…
我試著挑戰看看面試的換框法了。
你挑戰換框法？
我其實心裡已經放棄要進入原本的目標企業了，因為覺得這些目標訂太高了
今天聽到你也是我們學校的校友後，
希望又出現了，覺得就算是從我們這所大學畢業，只要努力搞不好也可以像你一樣進入好公司上班。
所以我想說現在開始要努力實踐你教導我的內容…
第一志願是…
你想進哪家公司？
三井商事。
我們這所大學的人怎麼可能進入那種大企業啊……

抱
你、
你幹嘛！
現在開始？
咦？
之前教過你不少東西，你現在才跟我說要試看看？
咕嗚嗚嗚嗚嗚嗚
碰碰
嗚嗚嗚嗚嗚
對不起，對不起啦！
好、好痛苦啊…
這次老娘就放你一馬。
非常感謝…
啪
啪
還挺有趣的。
咳咳
咦？你說什麼？

當你發現我是你們學校的校友，對母校的價值觀就跟著改變了。
也就是說，你對母校的印象被換框了，對吧！
！
真的耶，的確被換框了。
對母校的印象
因為是二流大學，所以對於能進入哪些公司已經認命
即便出身二流大學，加把勁也許就能進入理想的企業
而且
我原本不大相信NLP，現在也對它抱持正面印象了！
原來這麼容易改變啊！
事物是「透明無色」的！
感覺他已經越來越上軌道了，那麼接下來…
哈哈哈

就要實踐了！
話說回來，你成功把面試的印象換框了嗎？
！
那就來實踐吧！我來教你怎麼樣成功換框！
咦……？
我在面試有太多討厭的回憶了，所以進行的很不順利啊…
原來如此
幾天後
心跳加速
換框法，換框法！
吵吵
鬧鬧
面試會場
那麼下一位是櫻井希先生，請進。
喀啦
好的

果然不管面試幾次，我還是很不擅長面試啊！
那麼請你自我介紹。
有種被面試官看透的感覺。
而且今天有三位面試官。
緊張讓我的呼吸變得很不順。
不可能在這種狀態下進行換框法啊⋯
心跳
加速
感覺連視線也開始變窄了⋯
好可怕
但這就是⋯⋯
握緊
結合嗎！
結合⋯⋯？
沒錯，結合！
那是什麼啊？

結合（associated）指的就是主觀意識，
用來描述你注意感覺體驗的過程。
就是專注進行某件事的感覺嗎？
嗯嗯，就是你說的那樣。
但是結合的缺點是，當事人會變得意氣用事，失去自我，
看事物的角度也會變得狹隘。
我面試過一些學生，其中有不少人都是因為過份認真，導致自己陷入過度的結合。
你還好吧？
身體發熱
暈眩
心悸
想必你也差不多吧？
沒錯…
哈哈哈
緊張
無法成功換框，就很容易會陷入結合。
但在面試時，面試者必須要能冷靜地表達自己的意見。
僵硬
在這種時候就要進行抽離（dissociated）的動作囉！
抽離？
抽離就是結合的相反。
結合
相反
抽離

抽離指的就是旁觀者意識，
與結合不同的是，抽離可以讓我們跳脫固定框架，站在框架外冷靜觀察
抽離
如此一來，我們就能從負面情感形成的痛苦中獲得解放，也就能客觀地分析事物囉！
這讓我們能抱持肯定的態度，因此可以更容易進行換框法的操作。
面試也一樣，只要你能意識到抽離，從旁觀者的角度來看事情，應該能輕鬆進行換框法。
櫻井先生？你有聽到嗎？
麻煩櫻井先生做自我介紹。
抽離嗎…？
呼…
吸氣
！

那位面試官鼻毛跑出來了…
而且還分岔！
噗
有什麼問題嗎？
沒有，沒有問題！
以前我可沒那個閒功夫去注意這些地方…
面試官其實也是有血有肉的人…
？
感覺心情變輕鬆了…
我是──
是喔！
你做到抽離了啊！
不錯嘛！

這是我第一次面試這麼輕鬆呢！
那…手感如何？
這個嘛
碰
履歷表我也重新看過、寫過一遍了，做得還不錯！
嗯～
嗯～
我覺得我有把自己的意見表達給主考官聽了。
但是跟別人比起來應該還是很弱吧…
為什麼？
因為我還是不太會跟人溝通。
啊哈哈哈
閃爍
不擅長溝通，這是屬於你的信念、價值觀層次。
咦？

位於上層的層次會對下層的層次造成影響，
所以你要盡可能消除自己不擅長溝通的信念與價值觀，建立正面的信念與價值觀。
影響
無法跟人好好溝通
自我認同
信念、價值觀
能力
行為
環境
真的可以做到嗎？
當然，有個超適合的練習呢！
練習？
啪
就是各種NLP的方法，
我們來實際操作看看吧！
咕嚕
又來了！
啊啊！那是我的啊！
好了。
小弟，你有什麼不擅長的東西嗎？
你現在問這是什麼問題啦！
我就不擅長跟人溝通，超級不擅長的！
我超討厭跟別人溝通的！
真想要宅在家裡不出門！
…

是隨時嗎？什麼時候都一樣嗎？真的全都討厭嗎？
討厭跟全世界的人溝通嗎？沒有例外嗎？
咦…？
也不能這麼說…至少我跟老爸挺聊得來的…
只有這樣嗎？還有沒有其他例外？
例外嗎？
這個嘛…我跟好朋友聊天也都沒什麼問題。
還有其他人嗎？
誰都可以喔！
還有…
！
小惠也沒問題…我很喜歡跟她聊天。
那跟我呢？
小咲就有點…
為什麼？

還有其他人嗎？
嗯～
這個嘛……
小孩吧！
我跟小孩講話也都沒問題，
我很喜歡跟他們講話。
原來如此，也就是說……
你不擅長跟某些人溝通，但跟有些人就不會。
溝通困難的人
面試官
大部分的人
溝通順利的人
小惠
小孩
父親
交情好的朋友
嗯，是這樣沒錯。
那你試著講出來吧！
咦？
為什麼要講出來？
你講講：我在溝通上有感到困難的人，跟順利的人。
我知道了……
我在溝通上有感到困難的人，跟順利的人。

原本你對溝通這回事抱著全黑，也就是你自己不擅長溝通的印象。但是透過語言化，你是不是感覺到原本全黑的印象稍稍轉灰了呢？
對溝通的印象
困難
有感到困難的人，跟順利的人
…
真的耶！
搞不好我對溝通抱著的負面印象稍微變淡了。
這樣就夠了。
信念、價值觀容易變得非黑即白，
所以如果你抱著負面消極的信念、價值觀，那麼你就很容易會認為所有與它們有關的事物都很困難，認為自己根本做不到。
自我認同
信念、價值觀
能　力
行　為
環　境
在進行過上述操作後，你應該會覺得很多事物都變成灰色，自己能夠做到這些事，因此感到輕鬆不少吧！
由黑轉灰啊…
感覺很有趣呢！
咦…

多虧小咲教我這麼多，讓我有點期待去面試了！
成長了
他對面試的印象也正在進行換框法……
先做到這樣就行了。
太好了
但是再過不久，他就要重新審視就業的涵義……
真正的求職從那時才開始。

1

滿肚子學問，面試卻被刷下來

⇩ 進入完全發揮能力的狀態

假設有位大學教授很優秀，對自己的專業領域無所不知。但如果這位大學教授不擅長跟人溝通，連教課都說得結結巴巴，情況會如何？相信他無法活用自己擁有的知識與資訊。從學生的角度來看，一位知識量勉強及格，但能生動有趣教課的教授，應該更能傳授學生實際有用的資訊。

透過上述例子，可以發現，傳遞資訊時有兩個重要的因素。其一是「說話的內容」，其二則是「說話的狀態」。「說話的內容」當然很重要，但如果說話的人很緊張，又不擅長溝通，就無法將能力完整發揮出來。如果說話的人能以生動有趣的方式敘述，即便「說話內容」差強人意，仍會讓聽話的人留下很深的印象。

有研究結果顯示，我們在對話過程，只受到「說話內容（語言訊息）七％的影響，九十三％則是受到「態度」、「說話方式（語調的抑揚頓挫等等）」的因素影響。（請見麥拉賓法則↓一七一頁）。

「面試的狀態」是成功錄取的關鍵。這是因為如果處於極度緊張的狀態，即便你的說話內容再有深度，也沒辦法將自己的優點確實發揮出來。

面試官會關心你的說話內容，會在意你是怎樣的人。所以，如果在面試官問答時，你的態度（狀態）能在面試官的腦海裡留下深刻印象，那麼面試官就能看見你最好的部分。

因此我們可以說，**掌握「將能力完整發揮的狀態」，就是順利通過面試的最大因素**。

話說回來，有許多學生會收集「面試時該講些什麼？」的相關資訊，但似乎很少有學生會進行自主訓練，在面試時進入「發揮完整能力的狀態」。因此在本章節，要為各位介紹輕鬆進行的狀態管理方法。

與「面試時的狀態」相同，「求職期間的狀態」相當重要。如果有人剛好在這段時期失戀，受到無法東山再起的沉重打擊，就會注意力渙散，沒辦法收集求職所需的資訊。而且會抱著負面消極的情感，導致他無法產生正面積極的想法。

因此，提升自己的**狀態管理能力**，有助於求職順利展開。

2 信念和價值觀只是主觀想法？

⇩ 如果有人一直跟你說「你為什麼沒有考到一百分？」你會怎麼想？

第一章解說從屬等級已提到過，上層概念會對整個人生造成許多影響。上層概念是自我認同非常極端的一般化，是自以為是的想法。而信念與價值觀只是印象（自以為是的想法），不是真實情況。價值觀不過是透過刺激與重複形成的程式罷了（二十九頁）。

舉例來說，若有人從小學開始，每次考到九十分的高分還是會被質問：「你為什麼沒有考到一百分？」長期下來就會形成「凡事都要做到盡善盡美」的價值觀。剛開始時，他只是在考試上會抱著「一定要考到一百分」的想法，但是他的程式有一般化的傾向。如此一來，一般化的範圍會在不知不覺間越變越大，到最後不只是考試分數，就連別人對自己的看法、動作和用字遣詞等等，各種範圍都會抱著「凡事都要做到盡善盡美」的想法。

這樣生活起來就會越來越辛苦。因為他凡事都會以極高的標準苛責自己。他因為抱著這樣的價值觀，所以凡事都要求自己做到最好。以這樣的態度生活，就會因為過度的壓力而將身體搞壞。

上述是極端的例子，但各位可以發現，「凡事都要做到盡善盡美」這種價值觀不真實。信念與價值觀的本質是印象（自以為是的想法）。雖說信念與價值觀的上層概念只不過是印象（自以為是的想法），對能力、行為、環境等層次造成極大影響。

⇩反應並非實際狀況

那麼抱持「凡事都要做到盡善盡美」價值觀的人，他是否會想到「這只不過是自己自以為是的想法罷了」呢？舉個更簡單易懂的例子，「恐懼症患者」能理解自己「害怕狗只不過是自己自以為是的想法罷了」嗎？

對抱著「凡事都要做到盡善盡美」價值觀的人，及「恐懼症患者」來說，他們會感覺「凡事都要做到盡善盡美」與「狗很可怕」是真實的。腦部（意識）會發現這只不過是自己極端的想法，而不是實際狀況。

但身體（無意識）會去感覺這是真實的。

希望各位可以回想起本書第三十頁，關於意識、無意識的解說內容。在案例中我提到腦部（意識）已經知道自己應該要戒酒，但身體（無意識）渴求酒精，雖然短時間內能克制喝酒的衝動，長時間下來還是無法忍耐，而開始喝起酒來。

「凡事都要做到盡善盡美」的價值觀也一樣。即便腦部（意識）知道這只不過是自己自以為是的想法罷了，但身體卻強烈感受到「凡事都要做到盡善盡美」，當事人就不得不產生該價值觀了。可以說我們人類的一舉一動都是遵照編寫於無意識層次的程式而運行。**比起大腦所想，我們更會覺得身體感受（反應）是真實情況**。

⇩ 我們會對「事件抱持的印象」產生反應，而不是「事件本身」

假設有兩個人，其中一個人喜歡狗，另外一個人討厭狗。如果這兩個人共同前往公園，遇見一條狗，兩人產生的反應想必是南轅北轍。各位應該知道，在這情況下，就不是這條狗引發兩人不同的反應。討厭狗的人，因為自己過往的體驗影響，而對狗抱著負面的價值觀；喜歡狗的人則是會對狗抱持正面的價值觀，當兩個人透過價值觀這個過濾器去看狗，就會產生不同的反應。

就如同一一三頁的表格顯示，**產生喜好、厭惡等反應的**，**往往不是「事件本身」**，**而是「對事件抱持的印象」**。除此之外，**我們發現反應就是「身體感覺」**。遇到同一隻狗，討厭狗的人會感到厭惡不已，而喜歡狗的人會感到雀躍萬分。

反應就是身體感覺，強烈的身體感覺（無意識）具有凌駕腦部（意識）想法的強大力量。**當我們估計自己想要的物品有多少價值**，**會透過身體感受到的刺激強弱程度得知**。

舉例來說，我們通過看到狗時，體感反應的大小程度，來評估「超喜歡狗」的人，與「有點喜歡狗」之間的差別。「超喜歡狗」的人在看到狗時，全身應該都會感到強烈的喜悅。換作是「有點喜歡狗」的人，應該就只是表現出有點開心的反應。

⇩體感反應會改變

透過上述說明，相信各位都已經理解到，體感反應（身體感受）會決定我們產生喜好或厭惡等價值觀。**屬於體感反應的變化**。

舉例來說，假設有恐懼症的人抱持狗很可怕的印象（過濾器）來看待狗，產生恐懼的反應。有一天這個人戰勝了恐懼症，情況會產生哪些變化？他再看到狗，身體就不會產生負面的感受。

在人際相處方面，如果與一個原本就很討厭的人，重新建立友好關係，情況會如何改變？當我們與自己討厭的人相處，想必會感到不耐煩，或是容易感到緊張。不耐煩是身體感受到的一種反應。如果關係變好，即便跟這位原本討厭的人待在一起，身體也完全不會產生負面反應。從上述例子，可以發現，**體感反應產生改變，是變化的訊號**。

那麼我們該改變哪些方面，才能改變體感反應呢？

各位都已經發現了嗎？就像前面已經跟各位提到過的，不是「事件本身」產生反應，而是我們對「事件本身」抱持的「印象（信念、價值觀）」產生了反應。**因此只要改變「印象（信念、價值觀）」，就能改變反應，讓整個人生發生改變**。

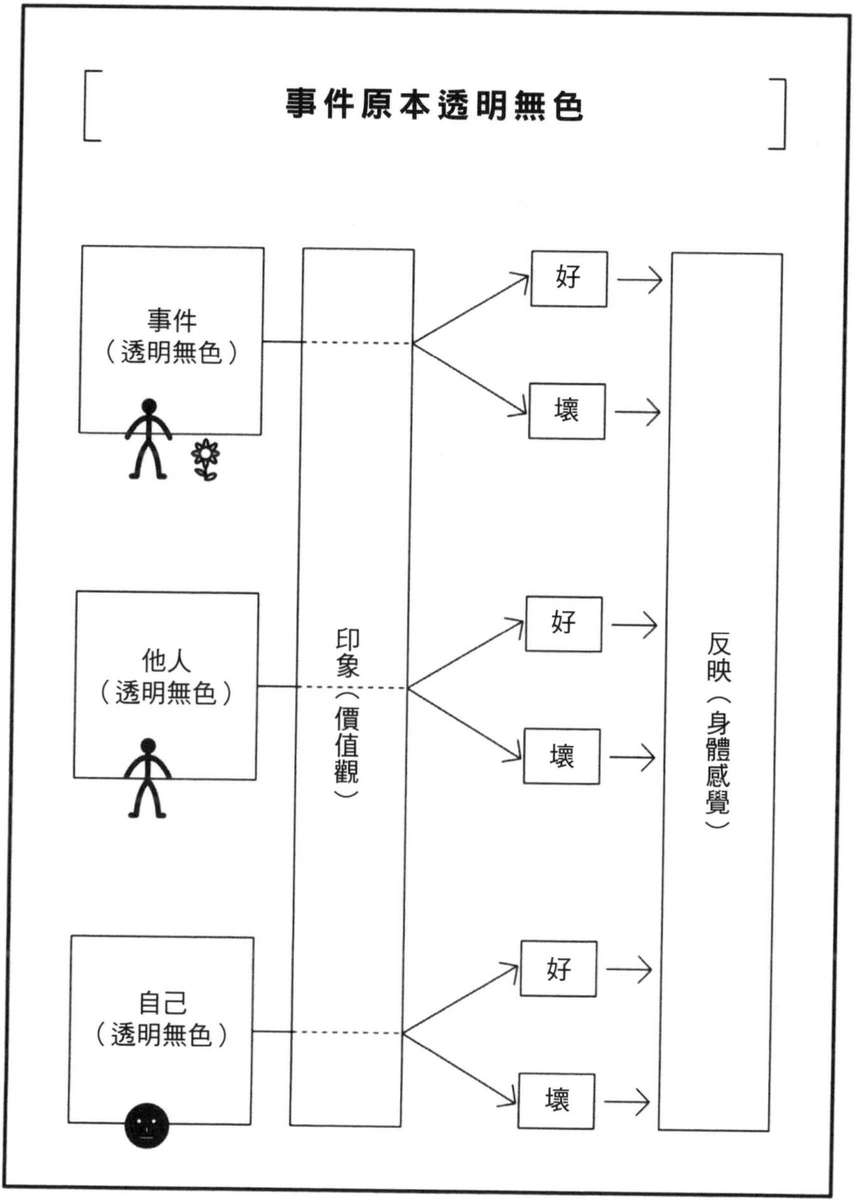
事件原本透明無色
事件
（透明無色）
他人
（透明無色）
自己
（透明無色）
印象（價值觀）
好
壞
好
壞
好
壞
反映（身體感覺）

3

你是讓自己變廢的兇手

試著緩解讓你「自我否定」的價值標準

第一章我提到，即便同為慶應義塾大學的學生，有人會認為自己非常優秀，也有人認為自己很無能。會認為自己無能，是因為將東京大學視為目標。價值標準訂得太高，就會無法接受真正的自己，而自我否定。

前文提到，求職順利的學生，特徵就是擁有較高的自我形象。

自我接受的範圍大小，這是決定自我形象高低的重要因素。如同前面例子，有人抱著「我是慶應大學學生」自我認同較高的自我形象，也有人抱著較低的自我形象。「信念與價值觀」創造價值標準，決定一個人是否能接受自我認同的部分。

即便就讀於同一所大學，如果能對成為這所大學學生抱著感謝的心態，就可以享受校園生活，自我肯定會隨之提升（自我形象較高）。即便在求職方面，自我肯定較高的人會讓面試官產生好感而且能發揮所有能力，雀躍感會跟著提高。此時（感受到「快感」時），腦部能發揮比平常還要高的能力，就像是我在「快感、疼痛的法則」提及的一樣。如果大腦因為自我否定而感到煩惱，能力就會遭到限制。所以抱著過多的負面「信念、價值觀」，不妨想辦法讓這些「信念、價值觀」得到緩解，才能發揮自己原本的能力。

⇩價值觀就像穿在身上的衣服

負面的價值觀會製造自我否定，以為「自己是廢物」。結果會造成自我形象低落（喪失自信），陷入無法發揮能力的狀態。

透過上述解說，各位應該已經知道，價值觀是我們後天添加的事物。價值觀像我們穿在身上的衣服。只要注意到這件事，就可以將價值觀脫掉。這被稱為**脫離同化**。

我們平常根本不會注意到自己抱有這些價值觀。

當我們處於價值觀並非透明無色，或不清楚自己所抱持的價值觀，透過價值觀這個過濾器去看世界，這種「價值觀=自己」的狀態稱為**自我認同**。

舉例來說，各位應該知道，戴著紅色鏡片的太陽眼鏡，一眼望去，視野所見也都會變成紅色的。譬如，有守時觀念的人跟朋友約在某個地方見面，對方遲到，就會感到暴怒。

因為抱持「嚴格守時的價值觀（印象）」去看待朋友「遲到」這件事，所以會產生負面反應，認為全都是朋友的錯。如果換成一個對時間觀念較不嚴格的人，就會對朋友的遲到一笑置之，但由於嚴格守時者抱有極端的價值觀（過濾器）來看世界，導致從他的眼裡看來，「遲到是朋友的錯」。

很多信念與價值觀原本都是透明的，但許多人都沒有發覺這一點，形成價值觀與自我認同兩者同化的狀態。

信念和價值觀

「自己相信的事」、
「自以為是」
→ **並不是「真實」！**

因過去的體驗而在無意識層次編寫了程式
→ **抱著過濾器（有色眼鏡）去看待世界**

信念和價值觀的表現方式

- 我是～。
- 我認為～。
- 我無法做到～。
- 我相信～。
- 應該要～。
- 一定得要～。
- X=Y

「我很笨」
「我討厭人類」
「我不擅交際」
「美人都很冷淡」
「政治家都在幹壞事」
「槍打出頭鳥」
「如果沒做到某事就不會得到誇獎」
「凡事都要做到盡善盡美才行」
「不可以造成他人不快」
「一定要讓別人開心」
「不顯眼的人一定不會成功找到工作」
「應該要在大企業上班」
「一定要很優秀」等等……

上述為信念和價值觀的部分例子，但這些都不是「真實情況」！

4 捨棄同化的包袱

⇩我們會與自認重要的事物同化

前文向各位介紹「價值觀」與「自我認同」。另外要講的是：**我們會與自己覺得重要的事物同化**。

舉例來說，曾有家日本的大型汽車公司在美國被告上法院，受到外界強烈譴責。公司的員工，有人感到憤恨難平，有人則受到極大刺激。但在同樣情況下，有的員工則是保持冷靜。這與員工每個人自我認同的程度各自不同有關。如果認為「公司=自己」，當公司遭受批評，就會感覺自己遭受批評。如果有人對自己就讀的大學抱持極大的認同感，有人批評他的學校，他就會感到憤怒。

像上述這類人，他們都已經與權威、頭銜、家庭，或自己抱著認同感的事物同化了。而就讀的學校，或任職的公司都屬於環境層次，因此被歸類於下層概念。

如果太過重視這些事物，會讓「所屬大學（所屬企業）=我」成為自我認同的一部分，這些事物得到他人稱讚時，會感覺自己受到稱讚，如果這些事物遭到他人否定時，會感覺自己遭到否定。

很多時候因為自我認同，導致許多人在認同的事物上，遭到否定時會感到痛苦。自我認同的狀態是我們抱著極端的想法，將「自我」與「自己以外的事物」結合在一起，成為自我認同的一部分。只要發現這件事，就可以拆開來看（脫離同化）。

如果你對自己讀的學校感到自豪，這種態度越強烈，自我認同就會越強。如果自我認同讓你的自我形象變好，為你帶來許多正面影響，就沒必要刻意去改變。若因自我認同問題而煩惱，再進行脫離同化的動作即可。

⇩ 脫離同化就是與自我認同切割開來

有氣喘的人，常常會在無意識的情況傳達「我是氣喘患者」的語言表現。這時候**「我=氣喘」就會與自我認同結合在一起**，會感到自己與氣喘有密切關係。

如果一直把類似的話掛在嘴邊，氣喘的症狀就會越來越嚴重。

其實氣喘只是一個「症狀」，而不是「自我」。相對地，以「我有氣喘症狀」這種語言表現的人，氣喘的症狀比較容易痊癒。各位有發現到這兩種表現方式會產生完全不同的感受嗎？**「我有氣喘症狀」這句話將氣喘定位在行為，將氣喘與自己切割開來**。透過這種表現方法，疾病較容易痊癒。

⇩ 否決以前失敗的行動

假設有位母親，請年幼的小孩去跑腿。小孩買完東西在返家的途中，因為走得太急而摔跤，母親拜託他買的東西全摔爛了。

如果母親在他返家後罵他說：「你這個白痴。」「你=白痴」就是在否定這個小孩的存在。

他做得不好的地方是行為。如果母親利用六十七頁的方法詢問，「你覺得自己沒做好什麼事情（what）？」讓孩子思考自己的行為，情況會如何轉變？

相信孩子會回答：「我錯在自己太急躁。」此時並非把孩子的失敗與孩子的存在（自我認同）結合在一起，只要將這件事切割為「行為層次」與「整個人的存在（自我認同）」兩個要素，孩子就不會有遭到責罵的感覺。而且孩子會將這次的失敗歸類在「行為層次」，因此可以接受它，下次再有相同行為時，就會記取教訓，修正行為。但如果他被母親罵：「你這個白痴。」他就會感覺自己的存在遭到否定，導致心靈遭受嚴重創傷。這會造成他的自我形象降低，會因為自我防衛本能，而變成一個叛逆的小孩。

大學入學考和求職也一樣。失敗後，心情轉換快的人只會認為「這次的行動失敗」，把這視為某次行為的失敗。而愛鑽牛角尖的人，會把「我失敗了」與自我認同結合。求職本來就會有成功或是失敗的情況，各位可以在成功時，把「我成功了」與個人的存在（自我認同）結合，提升自我形象。

如果不幸失敗，請把「自我」與「某個行為」分開來看。這樣子就能減輕失敗對自己的影響。

5 結合與抽離

看電影的練習

自我認同是一種極端的自以為是狀態。這就如一二三頁的圖A所示，人在此狀態等於被困在一層層的狹小箱子裡。極端的自以為是狀態，是高度專注的狀態。可比喻為觀賞自己喜歡的電影，沉浸在電影世界的狀態。電影情節當然是虛構的，但當我們熱衷於欣賞一部電影，會因劇情走向而感到喜或憂。

ＮＬＰ將這種專注的狀態稱為「結合（主觀意識）」。

我們可以將脫離同化說成是能以冷靜而客觀的態度觀察自己的狀態。如下頁圖B所示，我們走到箱子外面，以冷靜的態度觀察自己與身處狀況的狀態。以電影的例子來說，不要進入故事情節，以冷靜分析的角度來看電影的狀態。把這想成是為了調查電影的構成與觀眾的反應，而刻意與電影保持一定距離。

ＮＬＰ把這種狀態稱之為抽離（旁觀者意識）。

主觀意識・旁觀者意識

圖A　結合（主觀意識）

此狀態像是被困在一層層的狹小箱子裡。極端的自以為是狀態，是高度專注的狀態。

圖B　抽離（旁觀者意識）

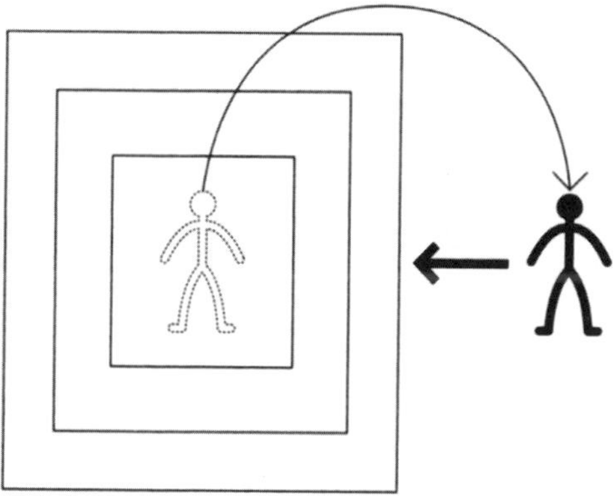

走到箱子外面，以冷靜的態度，觀察自己身處狀況的狀態。

我們在痛苦時會陷入極端的結合，此時進行抽離的動作，就可以讓症狀獲得舒緩。我們可以按照不同情況利用這兩種狀態，有效進行狀態的管理。本書皆提供具體操作方法。

在一二五頁有相關的練習，為了讓各位體驗結合與抽離間有何差別而進行的意象訓練。①～⑤為抽離，⑥～⑧為結合的過程。

開始前，先傳授訣竅給各位。訣竅就是在進行意象訓練時，腦內只要勾勒出實體十分之一大小的影像就行了。舉例來說，在步驟①，我要求各位想像「電影螢幕」，但很少有人能在腦海內看到跟實體一樣鮮明的影像。大部分的人都只能看到模糊的影像。

有些人認為，在做意象訓練時，必須要看到清晰的影像。這會導致意象訓練困難。若抱著困難的意識，「大腦會追求快感，避免疼痛」，造成在意象訓練的操作越來越不順利，最後甚至會連做都不想做。

實際練習：結合與抽離

①首先請想像在眼前有一個「電影螢幕」。

②想起一個讓你「非常開心的體驗情景」（譬如，上榜的情景）。

③假設有人用錄影機幫你把這個「非常開心的體驗情景」拍攝下來（因此你會在這部由別人錄製的電影中，擔任主角）。

④想像眼前的「電影螢幕」正在播放這部別人為你錄製的電影（你正坐在觀眾席上看著自己在螢幕上歡欣鼓舞的身影）。

⑤客觀地觀賞這部電影，像在看一個陌生人一樣。

⑥體驗⑤之後，讓自己的意識與電影螢幕上的自己得到一致（將自己的意識從觀眾席移到電影螢幕上的自己）。

⑦開始扮演在螢幕上歡欣鼓舞的自己。想起當時的情景，宛如親眼見到、親耳聽到、親身感受當時「看到的情景」、「聽到的聲音」、「當時感受到的感覺與情感」等等（這一次眼裡就看不到自己了。你就像是搭乘時光機回到過去，完全化身為當時的自己，善用五感去體會當時的喜悅）。

⑧體驗過⑦後，將意識拉回現實。

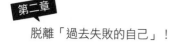

6 讓思考轉為正向

改變意義，反應會跟著改變

前文介紹透過「自我認同與行為的脫離同化」進行的狀態管理法。各位可以把這想成是走出「負面印象（自以為是的想法）形成的箱子」，讓症狀獲得舒緩的方法。

這邊我要傳授給各位將負面印象轉為正向的狀態管理法，NLP稱為換框法。

前文已經提到，我們是戴著名為「印象（價值觀）」的有色眼鏡在看這個世界。反應不是「事件本身」，而是「印象（價值觀）」。

若是改變「印象（價值觀）」，就能讓反應跟著改變。舉例來說，我還在考大學時，無論我多麼努力，還是考不到理想的大學，因此我抱著負面消極的想法過日子，因為覺得「自己大學沒考好」。

由於當時我不知道有狀態管理法，因此即便在進入大學就讀之後，我也沉浸這負面的想法一陣子。

但在我進行求職時，這段過去卻成為我的助力。我發現在這段進行求職的期間，我會非常努力，是因為曾經在考大學時期有過失敗的經驗。當時我對自己考大學失敗的事感到挫折，所以想要透過找工作，來挽回考大學的失敗。我發現，自己會認真考慮未來想從事哪個職業，提早進行準備，投注許多精力在求職中，都是因為自己在心底抱著遺憾。

開始這麼想，我變得不再會怨嘆自己大學沒考好，而是覺得正因為自己大學考砸了，現在才會那麼努力，鬥志昂揚。所以當一個人抱著正面積極的態度時，就能發揮一百二十的能力。

同樣的一件事情，我們可以用負面的角度來看，也可以用正面的角度來看。NLP將這稱為換框法。換框法的意思就是「換一個框」。

也就是說，將「負面印象的框架」換成「正面印象的框架」。

換框法操作

換框法的原理相當簡單，只要將與事件相連結的意涵（解釋）由負面消極的，變為正面積極。在公式「X（事件）＝Y（意涵）」，將Y（解釋）變更就行了。

以我考大學失敗的經驗，原本的公式是「沒能考上理想中的大學（X）→所以自己是個沒有價值的人（Y）」，之後轉變為「沒能考上理想中的大學（X）→因為自己無法得到滿足，所以會擁有更加強烈的動機」。

常常有人說「樂觀者容易成功」，找工作套上這句話也說得通。若抱著悲觀的想法，無法從失敗的過去脫離，會導致鬥志低落，行動力遲緩。那樂觀者的周遭總是有好事發生嗎?事情似乎又不是這樣。

只是，樂觀者看事情，只看到好的一面（框架）。

由於「事件本身」的價值無定論，因此還是可以找出好的一面。若是熟悉換框法的操作，就可以在人生各個場合派上用場，而不只利用在求職方面。

看到這裡，各位可能會覺得換框法似乎很簡單。

換框法的確不難，但當我們進行換框法是否順利完成時，會透過反應（身體感覺）進行判斷。假如身體無法抹去痛苦的感受，即便在腦中抱持正面的解釋，也無法改變。

當我們因失戀而意志消沉，或剛搞砸一場重要的面試，無法對事件做出正面的解釋，不然就是只能在表面做到換框，此時，心情不可能會得到多少改

換框法：改變對事件的解釋

透明無色的事件（X） → 事件的意涵（解釋）（Y） → 體感反應

學例來說……

朋友們接連拿到聘書，結束找工作的日子。只有我一直無法通過面試（X）
→ 飽受自卑感與孤獨感折磨（Y） → 痛苦、難過
換框法 → 面對自己的情感。這是個瞭解各公司行號的機會（Y） → 發現其中的價值

去最想進的公司接受面試時，感到壓力，所以膽怯（X）
→ 苛責自己，覺得自己超級無能（Y） → 低落到難以振作
換框法 → 把這當作是提升自己能力的機會（Y） → 打起精神，面臨下一次挑戰

事件本身透明無色（X）。當我們賦予不同意涵（Y），身體也會跟著產生不同反應。為了讓身體能產生正向反應，我們要利用換框法來改變事件的意涵（Y）！

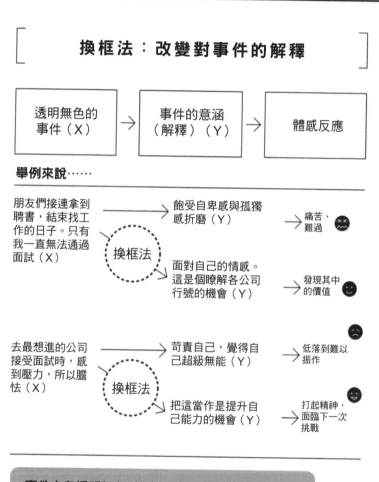

變。當我們處於這種艱難的處境，就是一種被關在負面情感的箱子狀態。當我們受到負面情感汙染，看事情的角度會變得狹隘無比，導致無法發現事物美好的一面。這時應該要暫時放棄進行換框法，而是要先專心從負面情感的箱子脫身而出。抽離就在這裡派上用場。在一三一頁處設有練習題目，能幫助各位從負面狀態抽離，再進行換框法。

透過抽離，能從箱子脫身而出，紓緩負面情感，看事情的角度不再狹窄。進入狀態後，才能有效進行換框法。步驟②的打破狀態（BREAK STATE）要求各位大動作地活動肢體，譬如，反覆進行用力跳躍的動作等等，進行抽離。

換框法練習

步驟①

請保持坐在椅子上的狀態，回憶過去「痛苦的經驗」。可以選擇一些自己在意的經驗，譬如，「在面試時被面試官問到自己為何想進入該公司，結果無法對答如流的經驗」。

※在熟悉這個練習以前，請先選擇能輕鬆進行的主題。當意識放在某經驗感到違和感時，就可以進入下一個步驟。

步驟②

接下來從椅子上站起，從自己的身心狀態抽離，就像是脫去了一件衣服。

※這邊就會產生一種從身體「脫離」的感覺，彷彿靈魂出竅。這邊不用進行過多的思考，就想成是自己脫去了一件衣服，身體「脫離」的感覺相當重要。

為了讓抽離進行得更順利，要進行打破狀態的操作（譬如，反覆進行用力跳躍的動作）。

步驟③

接下來從剛才坐的椅子處向前踏出三步，轉頭看向椅子。你現在正站在外面，看著椅子上坐有「因為步驟①而痛苦不堪的自己」。

步驟④

進行換框法的操作。挑選出三種此狀況的正面意義，好好感受這些意義。之後抱著正面印象所帶有的能量來體驗此狀況。
這時候可以配合進行自問自答，譬如，「我希望自己能在此狀況獲得哪些成長？」「我能從這個體驗學習到什麼？」「克服後，我能夠得到什麼？」「這狀況在我漫長的人生具有哪些正面意義？」。

7 解除負面價值觀

⇩ 解除負面信念與價值觀

相信各位都已經知道信念與價值觀不是自以為是的想法（印象）。

信念與價值觀也編寫在無意識層次的程式，因為極端的體驗而產生一般化的自以為是想法。

只要讓這一般化瓦解，就能解除信念與價值觀。

這裡介紹的是一種諮詢師對客戶進行詢問的練習方式，各位只要確實理解程序，就能通過自問自答，讓自己的信念與價值觀得到緩解。但是練習的效果需詳讀前文內容。想要進行接下來的練習，請再確認自己是否已充分理解之前的內容。

首先請各位看到一三三頁的操作順序。

① 進行詢問，引發對方的疑問

首先舉一個極端的例子。在一〇二頁，主角小希原本抱著「自己不擅長溝

解除負面價值觀的程序

1. 進行詢問，引發對方的疑問。

↓

2. 指出數個例外。

↓

3. 讓對方宣告目前的信念並不是真實情況。

↓

4. 提供新信念給對方。

↓

5. 指出證明新信念的參考資料。

↓

6. 要求對方宣示自己的新信念是真實情況。

↓

7. 明確定義對方新的自我認同。

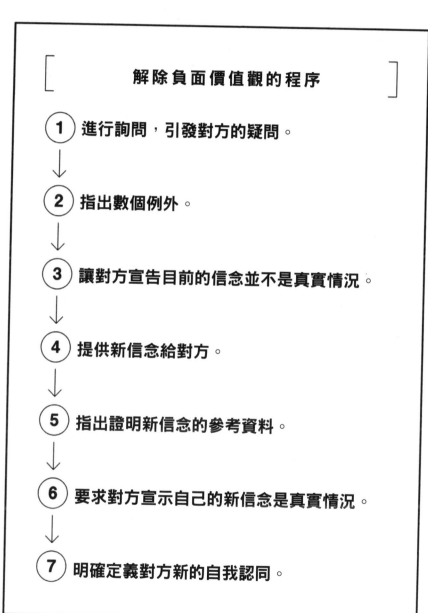

通」的自以為是想法（信念、價值觀），但是小咲透過的詢問，讓他自以為是的想法瓦解。此步驟，我們要進行詢問的動作，讓對方發現自己抱持的信念與價值觀，不過是自以為是的想法。此時的重點在於誇張的詢問，讓對方去思考這真的是「毫無例外的模式」嗎？小咲的詢問方法相當誇張，包括：「是隨時嗎？」、「什麼時候都一樣嗎？」、「真的全都討厭嗎？」、「討厭跟全世界的人溝通嗎？」等等問題。

信念與價值觀就是一種遭到一般化的想法，讓我們無意識地去相信「一定是這樣，絕對沒有例外」。所以只要對方能冷靜地思考說：「真的是隨時隨地都這樣嗎？」，一定會在其中發現例外的。在一〇四頁處，有提到信念與價值觀的特徵之處在於容易變得非黑即白，透過引出其中例外，讓狀態轉為灰色，就是不屬於黑或白任何一方的狀態。

②指出數個例外

看事物之所以會非黑即白，是因為那個人看事物的理解方式遭到極度的一般化，這不過是自以為是的想法。真實有時候是一片純白，有時則為一抹漆黑。小咲透過詢問來引出小希的疑問，讓小希說出「他跟父親挺聊得來的」。

這邊要讓對方發現自己的信念與價值觀存在著例外，即便例外的數量只有一個。水庫潰堤在一開始是從細小的龜裂開始發展，不管是多麼自以為是想法，一開始從中找出微小例外開始做起，才能漸漸瓦解。

③讓對方宣告的信念並不是真實情況。

在步驟②對方已經發現自己至今為止抱持的信念不是真實情況。簡單扼要地說，信念存在有例外，就代表這個信念不是真的。所以此時才要讓對方講出：「『不擅溝通』只是我自以為是的想法，不是真實情況」。

④提供新信念給對方

此步驟要提供新信念與價值觀給對方。由於信念與價值觀是一種「自己相信的事（自以為是）」，因此要提供一個對方容易相信的信念與價值觀。小咲提供給小希的信念與價值觀是：「我在溝通上有感到困難的人，跟順利的人」。各位可以發現，這個語言表現讓原本黑白分明的信念與價值觀變成灰色。由於小希還是有「溝通順利的人」，所以可接受小咲提出的話。但是各位在此需注意到，要從黑變到白，將極端的負面信念轉為極端正面的信念，這是不可能的。想讓長年相信負面價值觀的人，在沒有壓力的改變，就要一步步釋放原本的負面信念，由黑轉灰。做到這樣就夠了。

⑤指出證明新信念的參考資料

漫畫裡並沒有提到步驟⑤與步驟⑥，這兩個步驟是用來強化新的信念與價值觀。為了讓對方實際感受到，自己被賦予的新信念、價值觀是正確的，在此要詢問對方是否還有其他例外。最好透過詢問，讓對方再提出幾個例子，證明自己過去的信念與價值觀（這裡的價值觀是「不擅溝通」）是錯誤的。若是對方發現自己過去的信念與價值觀是錯誤的，他就會覺得自己被賦予的新價值觀是正確的。程式會因為「刺激（強度）與重複（次數）」而形成，所以要繼續追加新的例子來證明新的價值觀是正確的。

⑥要求對方宣示自己的新信念是真實情況

進行到步驟⑤，已經讓對方越來越覺得新的信念與價值觀是正確的。在此我們要實際讓對方進行宣言（出聲宣示），表示自己認為嶄新的信念與價值觀是正確的，藉此增加信念與價值觀的「刺激（強度）」。

此時需要求對方帶有感情地將真心講出來，這樣信念與價值觀才能深深地烙印在無意識層次裡。

⑦明確定義對方新的自我認同

最後的收尾，我們要將對方的新信念、價值觀與自我形象連結在一起，創造全新的一般化。與自我形象連結，代表對方整個人的存在，都會實際地感受到這新的信念與價值觀，這將給予他極大的刺激（強度）。具體操作是將對方的「新的信念與價值觀」與「自我」連結在一起。像小咲讓小希講出「我在溝通上有感到困難的人，跟順利的人。」這是自我肯定宣言（Affirmation），與意象訓練相同，都能幫助將正面的自我形象烙印在腦海中。

程式會因為刺激（強度）與重複（次數）而形成，所以刺激越大越好，次數越多越好。因此操作不能只進行一次，而是要反覆進行宣言的動作，因此可多次進行步驟⑦的操作，讓嶄新的信念與價值觀在對方的腦海裡扎根。

Column 3

讓面試官產生想和你共事的想法

先要有目標企業，才開始求職。首先你必須要有想進入某間公司任職的意志，但是要不要錄取你，要看對方的需求。你是否能讓面試官產生「我想要與這個人共事（或是把這個人當成下屬）」的想法，決定在面試官的基本需求是否得到滿足。

舉例來說，我們身邊總有個愛炫耀的人，他老是以為他最厲害。想必你不會想跟這樣子的人，在同一個職場共事。除此之外，「如果沒辦法負責自己有興趣的業務，馬上就辭職不幹的人」、「態度惡劣的人」、「無法正確利用敬語的人」等類型的人會讓我們感到不快。

但下列這些人會讓我們想要與他們共事。

諸如：「剛到任就帶給工作環境活潑氣氛的人」、「進退合度，打招呼的方式讓人感到舒服的人」、「會老實地接受指示，確實將指示內容完成的人」、「心細如髮，能注意到小細節的人」、「態度良好的人」等等。所以我們會想要與基本禮貌應對到位，溝通無礙的人共事。

在踏入面試地點前，要先明確知道「自己在公司可以做什麼？」如果只顧著和面試官傳達「自己想要做什麼？」「自己擁有哪些能力？」反而會產生反效果。因此要先掌握對方的期望，去配合它（進行臨摹），將「自己想做的事」與「能力」展現給面試官看的基本態度，是求職時必須具備的。

第三章

訓練求職能力

求職在各方面都需要利用溝通能力，本章節將解說如何訓練溝通能力。

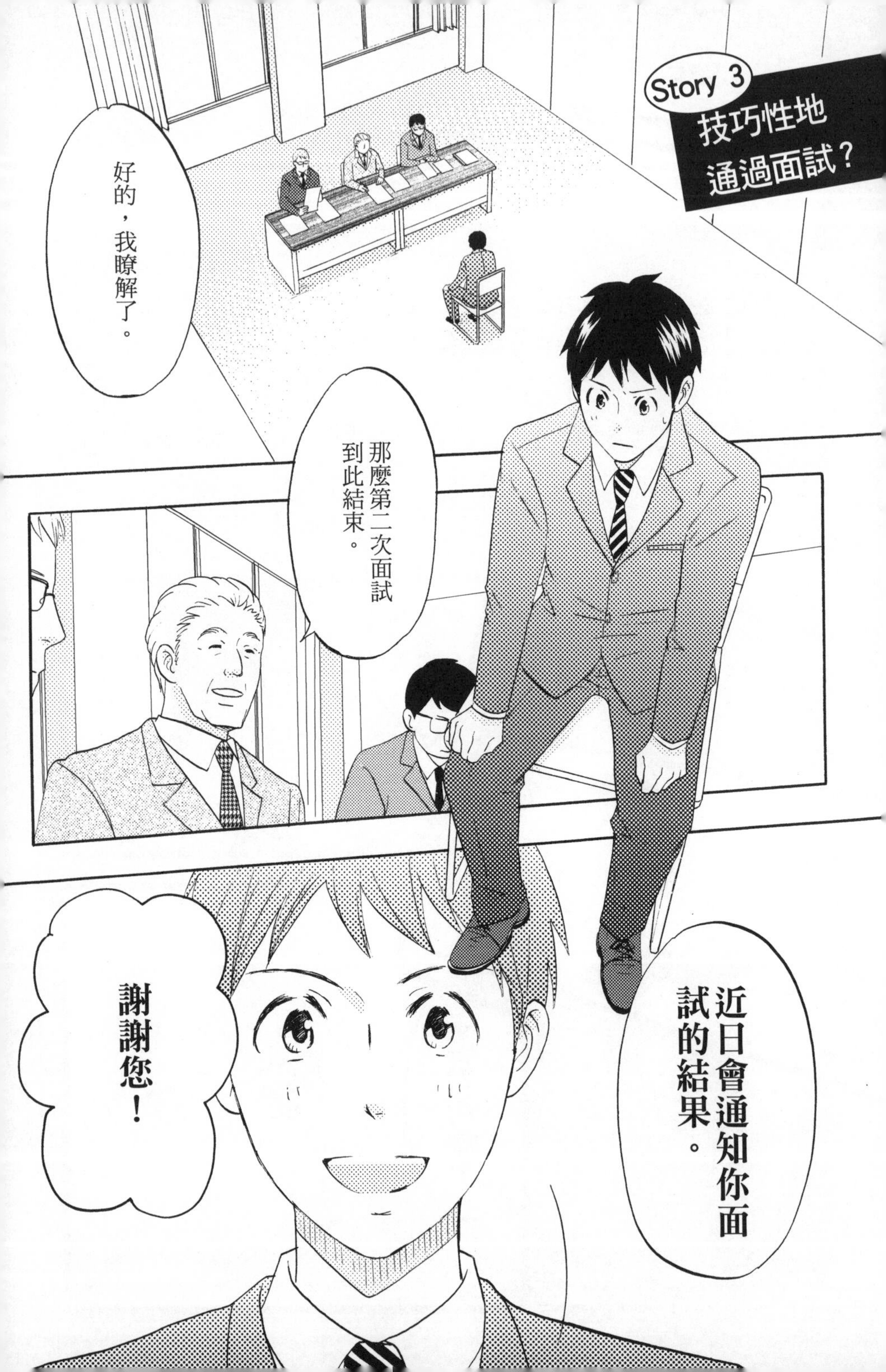
Story 3
技巧性地
通過面試？
好的，我瞭解了。
那麼第二次面試到此結束。
近日會通知你面試的結果。
謝謝您！

如果通過今天的面試，下次就是最終面試了。
你成長不少喔！
這都多虧了小咲啊！
碰
咦？
抽離讓我在面試時不會感到焦躁，結合讓我強烈想要述說自己的想法時能夠充滿熱情。
NLP真的很厲害。
真期待結果。
對啊！
幾天後
衷心祝福您身體健康，
鴻圖大展。

低落
這、這也是沒辦法的嘛！
這沒什麼啦！之前我可是連面試的第一關都過不了。
下次，下次就會上囉！
沒錯，就是這個氣勢！
又過了幾天
噗噗
…
不錄取通知
到現在居然還無法進入最終面試…
因為這次進展的很順利，所以收到不錄取通知的打擊更大…
嗚嗚嗚
你有試著想過為什麼自己進不了面試的最後一關嗎？
這個嘛…硬要講個大概就是面試時，我講話太快了。
嗯嗯。
肢體動作太大了…
還有講太快所以狂咬到舌頭。
嗯

笑容太過僵硬，
腳也緊張到一直在抖。
而且每次都把公司的名字搞錯…
那樣不行啊…
夠了，
還虧你之前一直很有信心會錄取。
但是你敢那麼說，也代表說你已經能透過抽離，冷靜地觀察現在的自己了。
用從屬等級的概念來看，你現在缺乏的是…
能力的部分，
自我認同
信念、價值觀
能 力
行 為
環 境
只要你提升面試能力，應該就可以進到面試的最後一關。
真的有辦法提高面試能力嗎？
當然有辦法囉！
你可以跟面試官建立親和感啊！
親和感？

親和感指的就是信賴關係，
我們可以說親和感就是人際溝通的基礎。
話是這麼說啦…
！
親和感=信賴關係
建立起信賴關係應該是可以讓面試順利進行。
可是我不可能跟初次見面的面試官建立起信賴關係。
沒有這回事喔！
不是有些人初次見面就很聊得來。
馬上就結為好友的嗎？
你也朝這方面努力就行啦！
啊……是這樣沒錯啦！
無法建立起親和感，代表你與面試官間有一段距離喔！
喂～
距離
雙方相距較遠，就很難去接受對方的話。
也就是說…

雙方處於無法感到安全、安心的狀態。
安全、安心？
那是什麼？
我們都在追求安全及安心，
而且不喜歡腦海空白。
簡單來說，就是討厭未知的狀態。
舉個例子好了，你知道為何有人會怕鬼嗎？
咚咚咚咚咚
咦！怎麼突然講到鬼？
這個嘛……
嗯……
你問我為什麼，我也不知道啊……
答對了！
指
咦？
答案就是我們都不知道鬼到底是什麼。
我們會對未知的事物感到欠缺安全與安心，因此感到恐懼。
所以我們會把鬼怪與詛咒的東西想在一起。
藉此來填補腦內空白，尋求安全與安心。
填補空白。
不知道這是什麼。
←
一定是詛咒啦！
←
因為受到詛咒，才會有鬼從電視機裡爬出來。

意思就是說，即便初次見面的人，只要填補對方的空白，就能建立信賴關係囉？
對啊！
反正很難吧？
簡單到誰都會喔！
喵喵
請你教教我！
唰唰
很真誠嘛！
那讓我舉個例子吧！
…
事到如今我就講出來好了…
啊？
我以前找工作也跟你一樣處處碰壁呢！

咦咦咦咦？
怎、怎麼這麼突然？
你的選擇應該超多的啊！
我跟你大學讀同一所，你應該知道找工作很辛苦吧！
！
蛤……
這痛苦我再懂不過了…
我被好多家公司拒於門外，就連人格也被放在地上踩。
當時我感覺自己是不是不被這個社會需要…
不錄取
不錄取
不錄取
咻咻咻咻咻
…
此時我遇見了NLP，這讓我的人生改變很多
我也做到啊！
啊
這麼一說…
任誰都是可以改變的。
我希望小弟你也可以變得跟我一樣啊…
小咲
莫名感動

我會加油的！
這也是為了小咲。
轟轟轟轟轟轟轟轟
就是這個氣勢！
我現在要跟你講一個面試的技巧，剛剛跟我講完話後你是否產生一股親近感？
咦？親近感？
我聽到你之前的處境跟我一樣，似乎有產生一股奇妙的夥伴意識呢……
也就是共通點喔！
嗯嗯，是這樣沒錯。
我們可以透過這個共通點去建構親和感。
建立親和感？
當兩個人之間有某個共通點，腦海內的空白就會得到填補。像我們的共通點就是曾經在求職上面臨相同處境。
這個共通點會讓你產生安全與安心，而對我產生親近感，距離就是這樣縮短的。
求職難
投了數家公司都沒人要
相同大學
就算是面試，只要找出共通點，增加雙方的親近感，面試官沒什麼好怕的。
是喔！你也喜歡爬山哦？
你可以試試看喔！
那次是因為我剛好跟面試官很有話聊，所以才會那麼順利。我也還沒有拿到任何一家公司的聘書。
剛好很有話聊……
真的有那麼剛好的事嗎？
……
這麼一講，和小惠說的一樣呢！
我也來試試看好了！

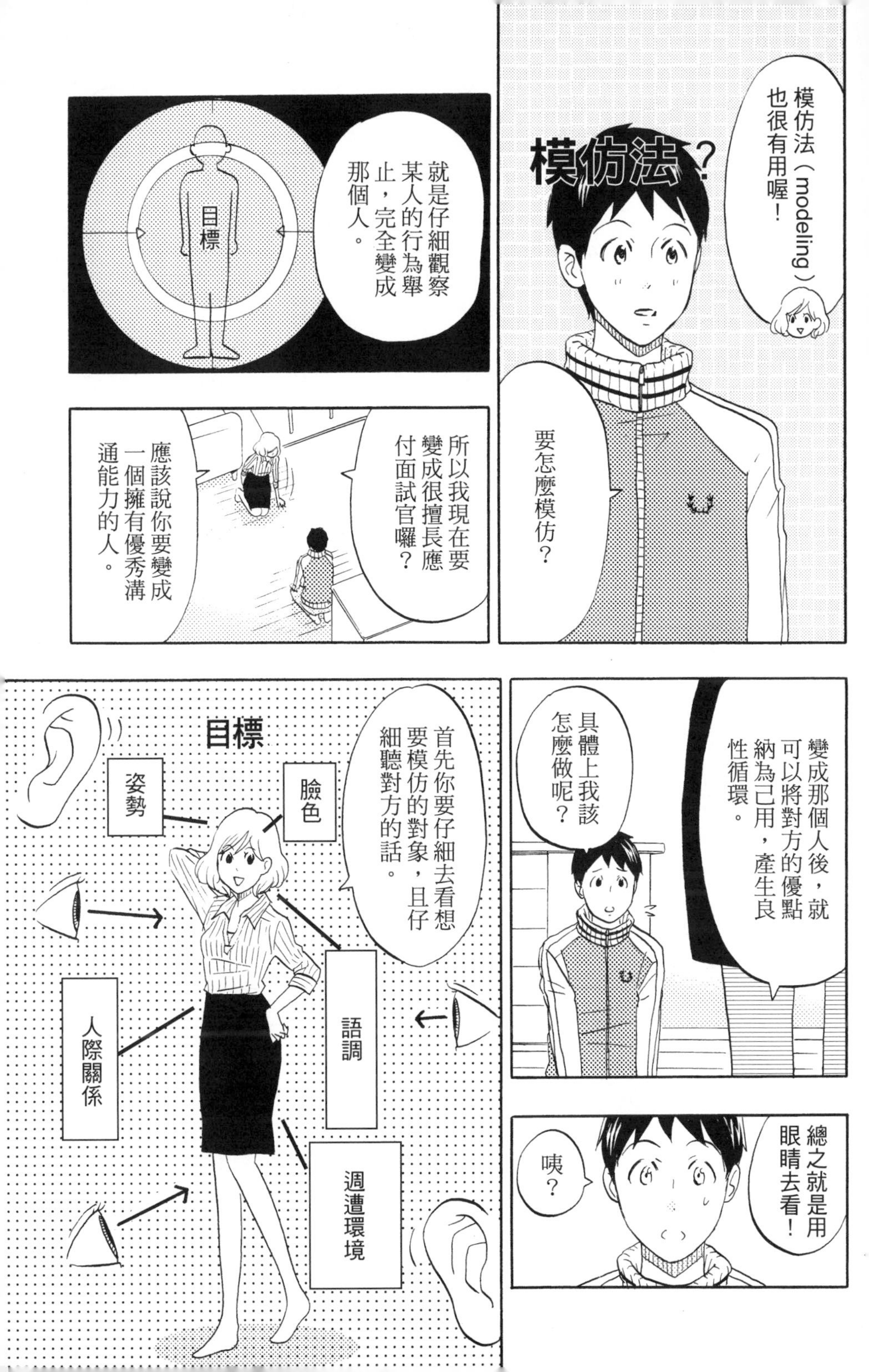
模仿法（modeling）也很有用喔！
模仿法？
要怎麼模仿？
就是仔細觀察某人的行為舉止，完全變成那個人。
目標
所以我現在要變成很擅長應付面試官囉？
應該說你要變成一個擁有優秀溝通能力的人。
變成那個人後，就可以將對方的優點納為己用，產生良性循環。
具體上我該怎麼做呢？
總之就是用眼睛去看！
咦？
首先你要仔細去看想要模仿的對象，且仔細聽對方的話。
目標
臉色
姿勢
語調
人際關係
週遭環境

首先你要先進行抽離的動作，客觀並仔細地觀察對方。
扭來
扭去
之後再進行結合，
進而用五感體會對方的舉動。
相似
結合
目標
只要你抱著想變成這個模仿對象的想法，大腦就會自然地接近對方。
扭來扭去
該來模仿誰好呢？
嗯
我允許你模仿我。
晚安。
可以喔！
！
給我等一下！
你說說看除了我以外還有誰適合模仿啦！
你有在聽嗎？
噠噠噠
無視
…

模仿啊……
我身邊哪裡有溝通能力優秀的人呢？
吵吵
鬧鬧
小咲說也可以模仿偶像或是歷史人物，可是這樣很難去揣摩。
你拿到聘書囉！恭喜你！
！
什麼？
謝謝你！
這真是太好了！好羨慕你喔！
是喔～
你拿到聘書囉？恭、恭喜你啊…
啊
如果是小惠…

死盯
死盯
死盯
小希同學，我感覺有點不舒服耶！
請別再跟著我囉！
啊！
被發現啦！
幾天後
請您多多指教。
第二次面試會場
吵吵
鬧鬧
櫻井先生
是的。
喀啦

幾天後
小咲！
小咲！
登登登登
嗯
你看你看！
我收到最終面試的通知啦！
終於走到面試的最後一關啦！
而且還是知名企業啊！
這都多虧了建立親和感，跟你模仿我的功勞。
哼哼
啊……我的模仿對象是小惠…
你說什麼！
為什麼不模仿我？
甩力
因為小惠她溝通能力強，個性爽朗又活潑，人緣又好，誰都很喜歡她啊～
可惡的資優生。
嘖
哈啾
咕嘰嘰嘰嘰
算了算了，接下來你要怎麼做？
做什麼？

選公司啊！
咦…
求職時當然是以有公司可以進去做為優先考量。
但是進入公司後的生活比現在還要重要一百倍！
你應該也差不多能把自己推銷出去了。
這太倉促了啦…
總之我只要是大企業都OK啊…
那是不是應該要認真思考自己想進的公司呢？
那樣真的好嗎？你保證進去之後不會後悔？
…
我當然知道小咲在說什麼…
抓緊

但是沒成為員工怎麼知道那是不是家好公司呢？
最終面試當天
謝謝您！
碰
顫抖不已
呼…果然緊張的程度跟之前幾次不能比啊！
但是最終面試我也很順利的通過了。
搞不好明年就要在這間公司上班了…
！

大家看起來都好很專業…
陶醉
進這間公司一定不會後悔啊…
但是
就這樣回家小咲一定會罵我。
接下來就在這裡待兩個小時好了…
咦，只要在廁所裡按兵不動待兩個小時就行了嗎？

沒錯，我還是學生時也曾經這麼做過喔！
最終面試完畢，就靜靜的在廁所裡坐兩小時試試看。
這樣你一定會發現到那間公司的本質，就能決定要不要進去了。
小咲說可以發現這間公司的本質，那到底是什麼意思呢？
接下來會有怎樣的命運在等著小希呢？
心跳不已

1 怎樣才叫擅於溝通？

很會講話不等於擅於溝通

當各位聽到「擅於溝通」這個描述，腦海會想起怎樣的人呢？

也許你會想起談吐幽默風趣，很會帶動氣氛的朋友。

那我們是否就可以說「很會講話＝擅於溝通」呢？

首先我想告訴各位，擅於溝通的人不一定很會說話。有人認為面試對很會講話的人較有利，但其實有一項能力在面試時更為重要，就是傾聽對方說話的能力。

譬如，當各位參加集體面試時，是否有人會自我感覺良好，進行一場「演說」？即便這個人的說話條理清晰，恰到好處地表達自己的意見，其他面試者應該很難接受他講話的內容，同樣的，當面試官目睹這樣子的情況後，心裡應該會覺得：「如果我用了這種人當下屬，以後他會乖乖在我底下做事嗎？」

如果有一位學生並不是那麼擅於講話，但他抱著善意去傾聽每位面試者的講話內容，而且他能被別人接受，那麼面試官會覺得這個人如何？我想他會被面試官評為具有領袖風範，能被其他同組面試者接受，有能力統整整個組別。

求職面試與商務場合的溝通有相同基礎。都是人與人的溝通。若是能做到基礎的人際溝通，就會得到面試官極高的評價。

進行人際溝通時，最重要也最基礎的地方，就是要尊重溝通對象。過程中要讓對方對自己抱持好感，讓對方能接受自己的意見。

請各位記得「**對方接受自己，才能影響到對方。**」

「**溝通的成果不是在你講了多少話，而是對方聽進去多少話。**」這是溝通時的大原則。

2 講到面試官的心坎裡！

⇩說大腦想聽的話

假設有位你很討厭的老師叫你要「努力讀書」，你反而會更不想讀書；若是有位跟你很合得來的學長跟你說：「你應該要趁現在有時間多讀點書」，你就會接受學長的建議，這是為什麼？

你的大腦（意識）知道認真讀書會比較好。但對自己厭惡的人所講的話，我們不但不會接受，還會有反抗的態度。

我們會老實接受自己抱著好感的人所講的話，且跟著對方講的去改變自己。但是當我們面對自己討厭的人時，即便大腦（意識）理解到對方說的是正確的，身體（無意識）會拒絕接受。因此**溝通時不需要把重點放在講正確的話，重要的是要讓對方把你所說的聽進去**。當面對討厭的人時，即便對方講得很正確，仍無法聽進去。

人際溝通同樣被分為「意識（大腦）層次」與「無意識（身體）層次」，只有在敞開「無意識（身體）層次」的大門時，我們才有辦法把對方講的話聽進心坎裡。仔細構思說話內容當然是通過面試的重要因素之一，但也需要留意，如何才能讓面試官將你想表達的聽進去。希望各位在面試時能瞭解面試官，讓對方容易把你的話聽進去，即便眼前的面試官是公司的高階主管，依舊是有情緒的人。

敞開心房的關鍵

那麼無意識會接受哪種人的話，會將哪種人拒於門外呢？

當無意識感到安全與安心時，就敞開心房，且將對方的話聽進去。當無意識感到危險時，會加強警戒，所以不會被對方的話影響。

無意識追求的就是安全與安心。無意識對我們造成極大影響，即便是在人際溝通方面，無意識層級的動機，會獲得優先處理。**若在對方眼裡，你是個能讓他感到安全與安心的存在，他就會對你敞開心房，聽進去你說的話。**

我們面對怎樣的人，會感到安全與安心呢？

先從結論開始講起。在面對自己認為「充分瞭解」的對象，我們會感到安心。

首先請各位抱持一個價值觀，「充分瞭解」就像是你感覺到對方和你重視的事物相同，會產生的一種認同感。

舉例來說，當我們初次見到一個人，應該都會緊張。特別是在面對面試官，這種緊張感更加劇烈。但你發現這位面試官與你就讀過相同的大學，曾參加過你所屬的社團，你會有怎樣的感覺？相信你會感到親切，整個人會因此放鬆下來。不只是你，面試官在此時會產生相同的感覺。只要找出雙方相同的部分，無意識就會感到「充分瞭解」，而敞開心胸。

NLP將這種雙方無意識相互敞開心房的狀態稱為親和感（信賴關係）。只要建立起親和感（信賴關係），無意識就會因為感到安全而卸下防備，雙方的對話就能更進一步。此時雙方將能展開深度對話，感到互相理解而心情愉悅，而互相抱著好印象。而第一步就是要找出雙方的共通點。

建立親和感（信賴關係）

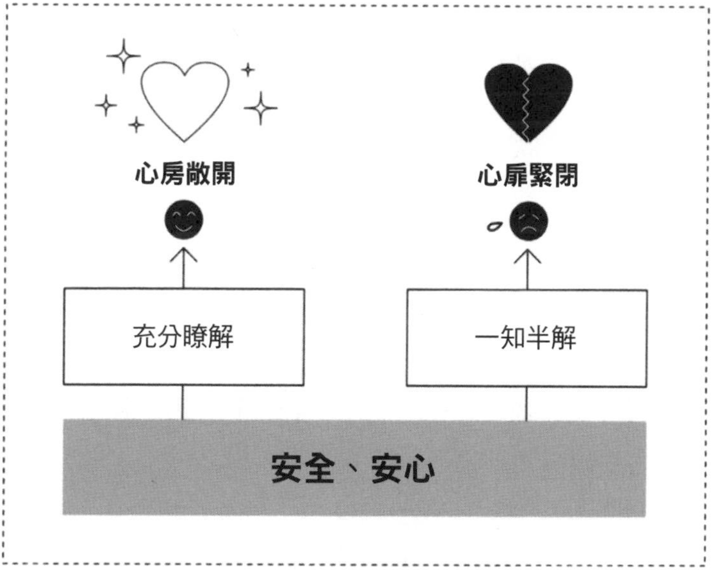

NLP 將雙方相互敞開心房的狀態稱為親和感（信賴關係）。若能建立起親和感，無意識就會感到安全，雙方心房就會敞開，對話就能更進一步。
所以你要讓對方覺得「他已經充分瞭解你了」。此時最基本的重點是，你要找雙方的共通點，並予以尊重。

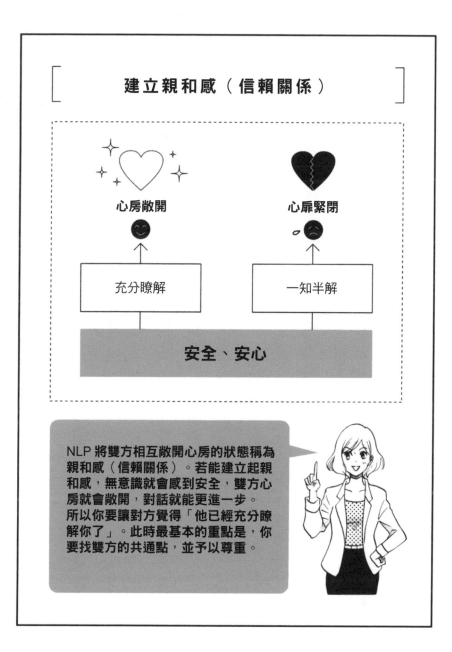

3 建構親和感的方法

⇩讓對方的「身體」接收你的訊息

在一五九頁處說過「溝通的基本就是要尊重溝通對象。過程中要讓對方對自己抱持好感，讓對方接受自己的意見。」

這邊講到的「讓對方接受」，並不是讓對方的意識層次得到理解，而是要讓對方的身體（無意識）接受我們所講的話（參考一六五頁）。

不是要將訊息傳達至「對方的大腦」，而是要將訊息傳達給「對方的身體」才能打動對方的心。

將自己的意見傳達給他人，或打動談話對象的心等等，這種能力不只對求職有幫助，當各位踏入社會後，在很多場合也能運用。

對方是否接受你的意見，要看雙方的關係而定。**擅於溝通的人，也擅於建立良好人際關係**。

面試官在面試時，會判斷求職者是不是一個能在商場派上用場的人才，因

親和感的建立

A 心靈（身體）對外敞開，與感同身受的狀態

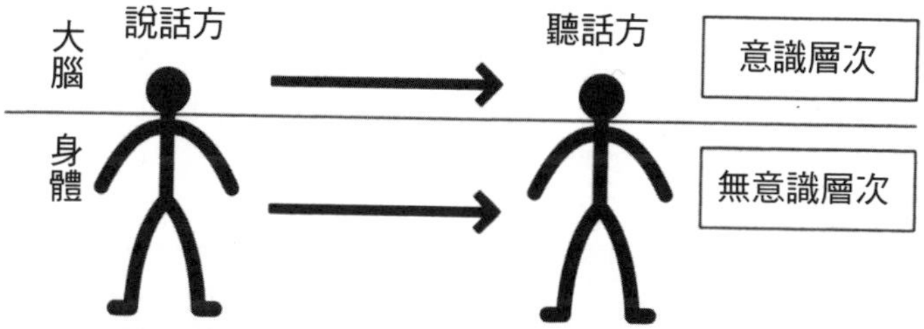

當聽話方對說話方的話感同身受時，訊息不只會化為知識為大腦接收，會化為感覺傳達給身體！

B 緊閉心扉（身體），讓大腦進行分析狀態

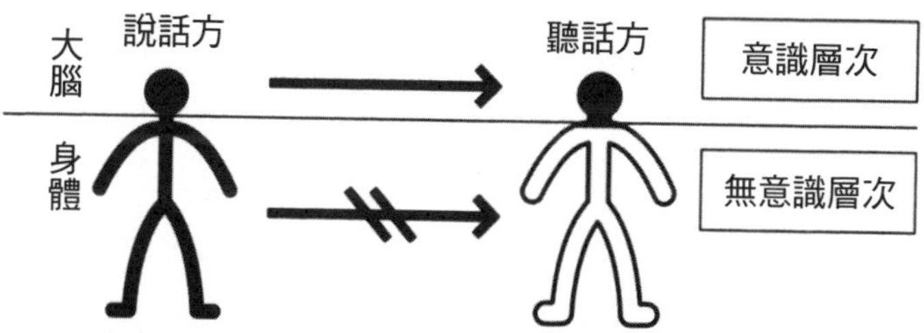

當聽話方對說話方的話抱著警戒時，會處於耳朵有聽到，但是身體並沒有接收到訊息的狀態。

此會觀察是否具備有「與他人建立良好人際關係的能力」。

⇩ 配合對方的步調

當我們與「跟自己重視相同事物的人」、「與自己喜歡相同事物的人」相處時，會感到輕鬆自在。因為此時無意識會感到「充分瞭解」。因此我們只要在對話中找出與對方的共通點，給予尊重，就能建立親和感。相處起來輕鬆自在，就代表能充分放鬆，不需要消耗多餘能量，因此會想要長時間與這個人在一起。就像你與氣味相投的朋友在一起，是否也會忘記回家？

在面試官前要有禮貌。由於面試官長年在職場打滾，因此對他來說，正確的儀態、恰到好處的打招呼、適時地利用尊稱等等，都是理所當然的。當面試官與確實做到親和感的求職者相處，會感到輕鬆自在；但當他與沒有做到親和感的求職者相處，就會有厭惡感。

重視（配合）對方認為理所當然，或珍貴的事物，是與對方建立起親和感的首要事項。去配合對方一事，在ＮＬＰ被稱之為同步。例如，你遇見一位喜愛足球的人，就聊足球話題。

但是對話不能說謊。由於無意識非常重視安全與安心，因此會以身體感覺（皮膚感受）做為偵測儀，精密地查核眼前的談話對象到底是敵是友。無意識做為一台「超級電腦」，自然具備有判斷對方是否說謊的能力。

因此，**進行同步的動作時，就是要找出對方重視，而自己也真的重視的事物，表現給對方看**。如此一來，對方將會感覺受到尊重，而敞開心房。所謂的敞開心房，就代表對方卸去了一身防備的甲冑。**當雙方處於敞開心房的狀態時，就會建立親和感**。

面試時，可以透過談論自己過往經驗，不著痕跡地將「自己真正重視的價值觀」與「企業重視的價值觀」不謀而合地傳達給面試官，這是一種有效的同步，這部分後面的篇幅會為各位詳細介紹。

4 為何需要進行同步？

配合對方的說話方式與態度

各位可以試著觀察商場推銷的店員。當顧客笑時，這位店員會跟著對方一起笑出聲。當顧客一臉認真地陷入思考時，這位店員也會做同樣的事，並安靜沉穩地給顧客建議。

相反地，如果顧客笑了，店員擺出一副撲克臉；如果顧客一臉認真地陷入思考，店員卻是笑容滿面地以飛快的語調和顧客說話。

可以發現，前者的店員配合顧客的說話方式與態度，而後者則沒有。以前者的案例，雙方應該能輕鬆、愉悅的溝通。

當溝通暢通無阻，雙方的態度是處於相近的狀態。當雙方處於拘謹的關係，常常會出現說話步調不一致的情況。

進行同步時，找出雙方共通點，並尊重對方。建立親和感的基本。如果想要建立更深一層的親和感，要讓非語言（無意識）層次（說話方式與態度）與對方一致（進行同步）。（參照一七一頁的麥拉賓法則）。

擅於溝通的人，他們都習慣站在對方角度思考，因此常常會在不知不覺間（無意識地）採取配合（同步）顧客的態度或是說話方式。各位只要去實踐此行為，就能在短時間內與對方建立起深厚的親和感。

選擇進入適合自己步調的企業

「說話方式」與「態度」進行同步能加深雙方的親和感，是因為我們都想要以自己的步調過生活。舉個簡單易懂的例子，讓一個生活步調緩慢的人進入忙碌的夜店工作，想必會感到很痛苦；將場景換到一家氣氛低調沉穩，顧客不多的高級飯店附設酒吧，擔任服務員的職位，就會很適合。如果換成生活步調快速的人，在夜店工作應該會比較適合。

建議各位在選擇公司時，可以將自己的生活步調做為基準。

因為業界也分步調快速和步調緩慢的類型。步調快速的業界，會要求員工快速處理手邊工作；而步調緩慢的業界，會要求員工緩慢，確實地將手邊的工作處理好。當某業界的公司與你的步調十分速配時，前往面試的你就會感覺這間公司超級適合自己。**在說話或表現時，你就能觀察面試官的步調**。

說話方式、態度會在溝通上造成極大的影響。過去各位在進行溝通時有意識到這件事嗎？

一般的溝通專家學校教員、銷售員等等職業，幾乎都沒有意識到這件事。因為許多人都疏於實踐，所以，能在進行溝通時意識到說話方式和態度，你就能更容易和別人產生親和感。

麥拉賓法則

與一個人初次見面，進行溝通，
什麼會決定雙方的第一印象⋯⋯？

語言訊息 7%
語調高低、說話方式 38%
身體語言（態度、肢體動作等等） 55%

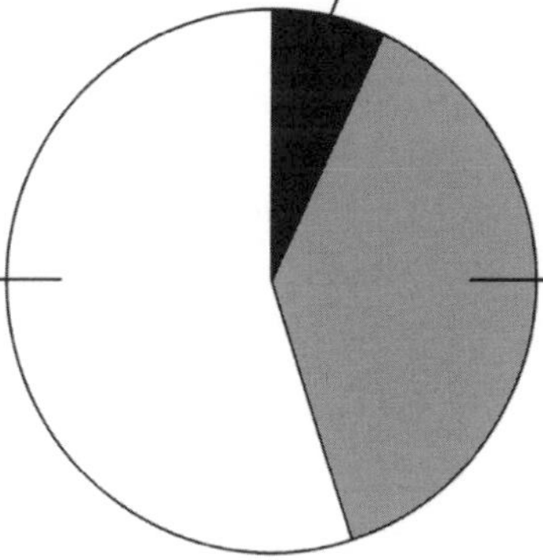

麥拉賓（Albert Mehrabian）是美國的心理學家。實驗結果顯示，當內容涉及情感層次時，除了語言訊息，人們會受到語調高低、說話方式、身體語言等因素的影響！這三個因素沒有達成一致，就不會產生效果。

5

面試時進行同步

⇩配合對方是同步的重點

將說話方式與態度等項目詳加區分，可以將說話方式分類為：①語速、②聲音大小、③語調高低等等。而態度指的是①表情、②姿勢、③手勢④呼吸等等。

首先說話方式分為：①語速、②聲音大小、③語調高低。雖然無法馬上做到，但可先選擇其中一項配合對方。

當面試官的說話節奏（速度）很快時，我們要試著用稍快的語速來對話。遇到說話步調和緩的面試官時，我們就要注意用平順的語速回答對方。就像與對方傳接球，當對方拋個慢速球，你回敬快速球，對方就會覺得投球步調被打亂。但對方的說話步調會因為興奮等因素而加快，沒有一定的規則。因此對話就像與別人跳舞，要配合對方的節奏。

聲音大小也是相同道理。如果對方輕聲細語，你卻覺得應該要元氣飽滿地向對方答話，而大聲回應，會導致步調被打亂的感覺。說話軟弱無力，與說話輕聲細語完全是兩回事。我希望各位在對話時能站在對方的角度考量，留心怎樣的步調才能讓對方感到舒適。

相較下，我認為態度（表情、姿勢、手勢）較容易配合。請好好地配合對方，切忌不要做的太明顯。操作時請別忘記考量到時間、地點、場合，雖說配合面試官的姿勢相當重要，若對方雙手抱胸，翹腳，你跟著照做是大忌，應該要不著痕跡地配合對方。

雙手抱胸，翹腳，代表對方的上半身與下半身處於封閉狀態。此時你的上半身保持雙手輕放在膝蓋的狀態就可以了。下半身將雙腳併攏就足夠了。如此就能塑造出與對方類似的感覺。若面試官雙手抱胸，翹腳，你卻手腳雙雙張開，塑造一種自由奔放的感覺，會讓對方感到不舒服。當一個人處於雙手抱胸，翹腳的封閉狀態時，就不會想和活潑奔放的對象談話。同樣的，當對方的姿態一派自由奔放，你當然可以豪放不羈地展開對話。

在面試等場合，過度放鬆，在對方眼裡看來是搞不清楚狀況的表現。所以採放鬆姿勢，坐在椅子上就夠了。舉例來說，你可以將雙手打開，掌心朝下放在膝蓋，不用刻意採左右交疊擺放。譬如，雙拳緊握代表對方心靈緊閉，而上身略微前傾則代表心防已稍微打開。如果面試官將身體前傾，你也擺出身體前傾的姿勢來配合對方，可產生親近的感覺。剛開始實際操作，較難拿捏尺度，配合對方的說話方式與態度。所以此時試著去配合對方的態度即可，這部份較容易上手。配合對方也會讓你比較放鬆。

⇩如何達到極致的同步

極致的同步就是去配合對方呼吸。最重要的部份就是「生命的步調」，此步調反映在呼吸。在日文有所謂的「阿吽呼吸（默契極佳之意）」、「呼吸相合」等等表現，關係融洽的情侶及團隊合作良好的集團能精確地配合彼此呼吸。但當一個隊伍處於意見不合的氣氛，每個成員的呼吸會各自不同。

關係融洽會讓雙方的呼吸相合，**配合對方呼吸就可以讓兩人建立融洽的關係**。

我曾聽說過，演奏出神入化的管弦樂隊或搖滾樂團，都發現這個呼吸的原理，所以會注意要在日常生活上配合彼此呼吸。

有間公司每天開早會，都會要求員工複誦公司的經營理念。我向公司的總裁提案，全體員工先共同做三次深呼吸，再進行複誦公司經營理念的動作，這樣可以讓大家的說話聲音達成一致。照著我的方法進行，這間公司變得很團結。據說總裁在與員工對話，或與重要客戶展開商談時，也會去配合對方的呼吸，讓雙方能在建立親和感的氣氛下對話。

即便步調不同的團隊成員，也可以透過配合呼吸來建立深厚的親和感。這個方法在面試時也能派上用場。一邊對話，一邊還要觀察面試官的呼吸，完美地去配合對方，一開始應該會感到不易上手。因此只需掌握對方的呼吸速度為快速或緩慢，還是洽當好處，盡可能與對方採取相同的呼吸速度就行了。當我們緊張而感到侷促不安，會通過深呼吸冷靜，所以呼吸能憑藉個人意志來調整速度。

6 幫助面試的模仿法

我們會在無意識中，發揮與自我形象相符的能力

前文我們已經學過，發揮自己的能力，會抱著正面的自我形象，或負面的自我形象。這代表我們會發揮與自己意象相符合的能力，不管是好的方面或壞的方面。譬如，當一個人的自我形象低落，否定自己的能力，失敗的可能性就會變高。因為在他的腦海，會重複想像自己失敗的情景。如果有人抱著樂觀的想法，他就會有較高的成功機率。

大部分職業運動員都會導入意象訓練。因為他們知道，腦海內的意象會大幅影響自己的能力發揮。以伸展運動為例，開始前先在腦海內反覆描繪身體柔軟彎曲的影像，再實際進行伸展，會比平常還要多伸展二十～三十公分，各位一試便知。

從伸展單純的動作，到求職面試，到開始工作後負責的複雜業務，其實都會反映在我們的自我形象上。

由於是在無意識情況進行腦中描繪，因此很多時候我們都不會察覺。這裡為各位介紹一個有效的意象訓練法──模仿法，能幫助各位在就業求職發揮自己的能力。

什麼是模仿法？

本書序章，我寫過ＮＬＰ是從模仿開始。原本兩位開發ＮＬＰ的學者就是徹底模仿當時的天才心理諮商師，直到有辦法與他們做出相同的表現為止。此過程的意象訓練發揮極大功效。若要進行模仿，得從觀察成功人士開始做起，此時要想像模仿對象要與在腦海的行動一樣。將模仿對象烙印在我們的腦海再付諸實踐，代表我們是先有想像，再按照想像展開行動。

此時腦海內看見的影像會落在身體（無意識）上，因此身體會不由自主地遵循影像開始動作。舉例來說，你會說中文吧？那你又是如何學會說中文的？難道你是反覆研讀厚重的中文文法書，將一些基本例句默背起來，才會說中文的嗎？

相信不會是這樣。你應該是反覆聽見並看見周遭的人說中文，你就照著講了。你不過是在模仿別人，你並不是在腦海內想像，最後才講出一口流利的中文。當你看見或聽見別人利用中文的印象，你就遵循此印象來使用中文。當你發現字句的利用方法存在有問題時，就會修正，提高用字遣詞的精準度。因此會有一段時間，你利用中文的方式，會與你的父母一樣。

模仿法的基本是「依樣畫葫蘆」。其實在很多潛能開發書都有提到，模仿是最有效的方法。語言學習也是如此，比起費心學習文法等理論，如果有人能徹底做到下述步驟：①用眼睛去看，耳朵去聽、②照著講、③有錯誤的時候修正，那麼這個人學習語言的效果會比較快。

就像學習騎腳踏車，想必你不會抱著一本厚重的參考書來研讀。你常看到鄰居大哥哥們騎腳踏車的身影，然後①無意識地抱著「騎腳踏車」的印象。之後會進入②試著照印象騎腳踏車。之後會來到③經歷數次失敗（摔車），但每逢失敗就會修正自己騎腳踏車的感覺，最後能夠學會騎腳踏車了。學習騎腳踏車的過程不也是如此嗎？假設鄰近沒有人在騎腳踏車，會導致學習者無法有騎腳踏車的印象，所以會讓學習騎腳踏車這件事變難。

⇩真正的學習不是「心領」，而是「神會」

從上述例子，各位應該可以發現，我們並非努力地去學會如何利用中文或騎腳踏車。這是一種身體記憶學習法，不需要去思考。模仿法並不是思考（意識）方面，而是身體（無意識）方面的學習法。

各位應該有聽過所謂的「心領」與「神會」吧？「心領」是建立在腦部認知的觀點上，因此是意識層次的學習。另一方面「神會」則是滲透入身體（無意識層次）的學習。

像上述內容，效率十足的學習與高度的實踐能力相輔相成，要做到這件事必須將資訊安裝至身體（無意識）才行。NLP**的模仿法，操作重點是不透過思考（意識）進行傳遞，而是直接將資訊作用於身體（無意識）上**。

馬上讓各位體驗換框法的練習（一八一頁），首先請各位選擇一位面試對象做為自己的模仿對象（步驟①）。此時若選擇討厭的人做為模仿對象，身體將會感到排斥而難以接受，因此請選擇自己能接受的人為模仿對象。就像小希模仿了小惠（一五二頁）。**在保持專注的環境下練習，可以幫助腦海有鮮明的**

印象。

但是這只是想像，只要在腦海看見相當於現實百分之十的影像就綽綽有餘了。若能配合利用影像外的五感資訊，如，聲音等等，可讓效果更佳。

進行模仿法的練習，重點在於刺激（強烈的體驗）及重複（次數）。在步驟②，首先請各位想像眼前有個螢幕，我們可以從外部觀察選擇的模仿對象有何特徵。此時最好將視野拉廣，所以請先進行抽離（於畫面外眺望）的操作（一二三頁的技巧）。接下來是步驟③，讓我們想像自己能做出與模仿對象相同的動作。當然這只是想像，而不是現實，所以請在腦海盡情想像優秀的自己，就當是在作一場白日夢。這時我們一樣是從外部來觀察自己，因此屬於抽離。最後來到步驟④，這時我們要進入到自己做事很順利的想像（螢幕上那個自己的身體裡），活用五感來體會。這次我們體驗到成為優秀自己的感受，因此屬於結合。持續進行實踐，直到印象烙印於身體為止（身體記得=神會）會比較好。

模仿法
（新行為產生器，NBG）

步驟①

● **決定一個想要進步的行動（譬如，在面試時沉著應對）**

步驟②

● **想起一個將此行動做得很好的人（模仿對象）（抽離）**

①模仿對象最好是能夠具體想像的人，如，親朋好友、偶像等等。

②想像眼前有一個電影螢幕。模仿對象的身影就投射在螢幕上。此時腦海具體浮現模仿對象的表情、肢體動作、語調高低等等。

③讓模仿對象採取你想要的行動，且留意一舉一動（若是無法順利進行則改變模仿對象）。

步驟③

● **將模仿對象的影像替換成自己**

①試著將螢幕上模仿對象的影像替換成自己。

②若是得到滿足就將影片暫停，或是對影像加以修正。

步驟④

● **進入螢幕，實際動作身體（結合）**

①進行體驗，彷彿自己真的有過這個行動。

②重覆進行體驗，直到此印象充分烙印在身體。

進一步地來介紹求職順利的人，他們具有哪些共通的行為模式，及幫助養成此行為模式的意象訓練法。

7 學會成功者的模式！

⇩ 抱著「會一切順利」、「能做到是理所當然」的印象

舉例來說，如果一直抱著「如果在這家公司的面試被刷下來可怎麼辦」的想法，那麼情況會如何呢？當然就會一直在腦海中看見自己找工作處處碰壁的影像，就像你為了失敗在進行意象訓練一樣。

而求職順利的人，很多時候都是無意識地進行著求職會順利的意象訓練。在這種時候，**順利進行的印象，代表的就是「自然而然就會順利進行（能夠做到是理所當然）」的印象。抱著這樣子的印象，就可以得到放鬆，且發揮一百二十％的能力**。

舉個考大學的例子，考生會對第一志願的大學抱著強烈執著。當內心產生想要考上這所學校的強烈情感時，擔心落榜的情緒也會隨之放大。正因為抱著期待，不安也就跟著滋長，這將會導致考生左搖右擺，情緒時刻處於不安定的狀態，而造成身心緊張，無法深信不移地認為「自己考得上該所大學」。

如果抱著試試看的心態去考別的大學（註：日本大學皆為獨立招生，因此考生要自行選擇報考學校），這時候因為學校等級降低了不少，所以考生會感到游刃有餘。除此之外，內心也不會抱著非得去該所大學的念頭，讓緊張的情緒也跟著淡薄不少。此時他的腦部能維持冷靜思考，就會對該場考試抱著「自然而然就會順利進行（能夠做到是理所當然）」的印象。

本書也提到「自以為是想法」對我們會造成的影響。由於在求職陷入苦戰的人將會抱著負面的想法，導致自我形象下滑。抱著正面的想法，認為「自然而然就會順利進行（能夠做到是理所當然）」，情緒就能得到沉澱，不需多加費勁都可以發揮自己原有的能力。所以**想要順利求職，重點是模仿求職順利的心理狀態，要對求職抱著「自然而然就會順利進行（能夠做到是理所當然）」的印象，這是成功求職的開始**。

接下來有個方法能幫助各位創造「自然而然就會順利進行（能夠做到是理所當然）」的心理狀態。

方法如下：

①以現在式或是現在進行式設定目標

②抱著自己能夠做到的印象

③放眼在目標的前方

⇩「現在式」敘述

首先是①，這邊會採用一個名為肯定語（Affirmation）的技巧，以現在式重覆灌輸自己「自然而然就會順利進行（能夠做到是理所當然）」的狀態。這是一種自我暗示法。職業運動員在比賽開始前，常常都會重覆說「我很強，我很強」之類的語句。在這邊要利用現在式（現在進行式），是因為編寫程式的無意識（潛意識）會好好地接受現在式（現在進行式）的語句。

舉例來說，若有人表明自己未來的志向與願望是「想要進入A企業任職」，可以發現，這個人雖然對A企業有強烈的憧憬，但是他認為自己能進入該公司的情感沒有很強烈。如果他重複用現在式說：「我已經在A企業上班了」，不知不覺他的內心就會萌生一種自己已經是「A企業」員工的感覺，效果相當不可思議。

當他抱著自己成為「A企業」員工的感覺（體感=無意識）時，也就代表說他已經越來越接近「自然而然就會進入該公司」、「進入該公司是理所當然」的感覺了。

這當然也是他的自以為是想法（印象），但卻是件好事。就像我重複在本書中提到的，大腦層次會將強烈的想像視為現實情況。

我們往往會在腦海中產生負面消極的語句，如：「我很廢」、「我很難找到工作」之類的，導致不知不覺間（無意識地）製造出負面的肯定句。但是這也是自以為是的想法（印象）罷了。既然兩者都是自以為是的想法，那還不如做正面積極的肯定句陳述，將正面積極的印象烙印於腦海中。

⇩抱持「我做得到」的印象

接著要來談談「②抱著自己能夠做到的印象」。這邊的發想與「①以現在式或是現在進行式設定目標」相同，請各位把它想成是與①配套進行。

在①的肯定句陳述，是反覆利用正面積極的語句，藉此創造正面積極的自以為是想法，但在②，卻要充滿臨場感地利用「現在已經做到」的印象（視覺資訊、聽覺資訊、體感資訊）。

如果想要產生「我現在已經在A企業上班了」的印象，就需要活用自己的五感，藉此去想像自己已經實際進入該公司任職，並在職場上生氣勃勃工作的情景。**在時態上請採用「現在已經做到這件事」的時態來進行想像**。我希望此時各位不只是用眼睛去看，也要透過耳朵去傾聽聲音與聲響，就連皮膚觸感與情感的部分也要儘量去呈現。因為這樣能對無意識造成強烈刺激，無意識就會建立起強烈的自我形象。此時的重點在，我們的「身體感覺」是否能做出真實的反應。就像我在前面寫說「無意識＝身體＝感覺」，因為身體感覺（情感）對無意識造成的影響最大。我們會對虛構的電影產生情感反應，是因為無意識感覺電影是真實情況。在看電影時，其中的影像（視覺資訊）與聲音（聽覺資訊）會創造我們的情感反應（體感反應）。當各位於腦內描繪相關印象時，希望也能優先浮現出影像與聲音。無意識將會錯認這是真實情況，而產生情感，或體溫上升的現象。

⇩ 想像「進入公司任職」

最後來到「③放眼在目標的前方」。這個方法也是用來強化「自然而然就會順利進行（能夠做到乃是理所當然）」的心理狀態。

在前面的小節，我提到考生會對排在第一志願的大學招生考試感到緊張，但在面對不重視的大學考試時，身心卻能呈現放鬆狀態。考生在心理上認為兩者的重要程度不同，這就是產生上述差別的原因所在。就像我在前面寫到說，當一件事的重要程度越高，越容易讓我們產生擔心事情搞砸的不安，因而陷入負面消極的心理狀態。許多人在求職陷入苦戰，也是因為自己築起了過高的心理障礙（印象）。我們可以從心理的角度解套，來降低心理障礙。

方法就是「**將目標當作一個過路點**」。

真正擁有自信的人會將意識放在「進入公司後要做的事？」「該在哪方面表現？」等部分。這類人因為將通過面試一事當作是過路點，因此在面試時能夠保持輕鬆自在。相信會對模擬考感到緊張兮兮的人並不多，因為模擬考並不是考生的最終目標。

我們在心理認為很重要事情，會過度緊張。如果有人將找到工作視為優先考量，那他就會過於重視是否能通過面試，並承受極大壓力。

要利用現在式，**去想像自己進入公司後會如何表現**。**藉此將進入公司的目標當成過路點**。想像「進入公司後要做的事？」「該在哪方面表現？」等部分，則需收集各種資訊，對一位正在求職的學生來說，可塑造一種積極向上的態度。

當求職者說明自己進入公司後的報負，他會留給面試官極深的印象。因為這位學生之前反覆通過心靈演練（意象訓練）想像自己進入公司、大顯身手的情況，因此他的無意識層次早就認為自己是該公司一員，說起話來會帶給面試官一種自然融入的印象。

⇩產生「自然而然順利進行」印象的串聯程序

現在介紹一個練習，能幫助各位有效體驗①以現在式或是現在進行式設定目標、②抱著自己能夠做到的印象、③放眼在目標的前方等三個情況。這是另一個很單純的練習，希望各位在進行就業求職活動時能每天進行，將成功的印象烙印於腦海裡。

請各位看到一八九頁的圖，首先我準備了三個步驟的空間。

步驟I要求各位體驗現在的自己。聯想到還未能順利找到工作的自己。在這個步驟，會有人感到難受。

接下來是步驟II，以現在式或者現在進行式來體驗「自己成功就業的印

串聯程序

I 現狀

運用五感去想像現狀。有可能在此步驟感到難受。

II 達成目標

完全扮演達成目標後的自己。活用五感進行結合（主觀意識）。此時以現在式或現在進行式來體驗。

III 達成目標，仍持續活躍

完全扮演達成目標後，持續活躍的自己。活用五感進行結合的動作（主觀意識）。此時以現在式或現在進行式來體驗。

以 I → II → III 的順序進行體驗，再次重新以 I → II → III 的順序進行體驗。總共需進行體驗五至六次，如此一來就可以加強「自然而然就會順利進行」的印象！

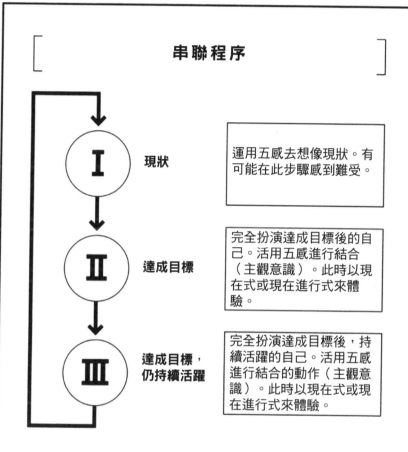

象」或是「面試成功的印象」。

這個部分是用來體驗①與②的。各位最好將這邊的印象深植於無意識層次，所以要活用自己的五感來體驗「自己成功就業的印象」或「面試成功的印象」。

在最後來到步驟Ⅲ，各位要體驗進入公司後，持續活躍的自己。這就是所謂「放眼在目標的前方」。這部分，進行想像時也要充滿臨場感。能強化「自然而然就能夠順利進入該公司（進入該公司是理所當然）」的感覺，將步驟Ⅱ的部分視為中途路過。

最後以Ⅰ↓Ⅱ↓Ⅲ的順序，重覆操作五至六次，讓印象強化。

第四章

面試的必勝技巧

本書最後，將為各位介紹各種人際溝通有關的技巧。

Story 4
終於發現自己真正想從事的工作了！
我回來了。
你回來啦！
最終面試還可以嗎？
意志消沉
怎麼啦？你的表情感覺是面試被刷掉了。
不是……
面試雖然很緊張，可是還算順利過關。
但是……
緊握
我才不想去那種公司呢！
咦？

放下
來，小咲特製炒飯。
面試之後你蹲在廁所裡了吧？結果怎樣？
……
我在廁所裡面聽到的…
全都是在講公司的壞話
你不覺得我們公司的經營方針整個很亂嗎？
薪酬制度也有一堆讓人無法接受的地方…
簡直亂七八糟！
為什麼我們要進這家公司。
聽說公司要徵求早期退休人員耶！
得另外找工作了！
員工的士氣如此低落，讓我覺得那家公司沒什麼未來。
我終於知道你為什麼叫我在面試結束後去蹲廁所了。

因為在廁所裡可以聽到員工的真心話是嗎？
這個嘛，雖然在廁所裡聽到的不能代表全部。
但至少能讓你知道公司的氣氛。
「員工的真心話」可是一個重要的判斷依據。
拿到聘書當然很重要，但最重要的還是自己想要進怎樣的公司啊！
沒錯，還有你也得搞清楚自己進入那間公司到底想要做什麼？
不然你絕對沒辦法通過最終面試。
咦？

說我不能通過也太過頭了吧…
但進入公司後到底想做什麼…
我真的沒有認真考慮過…
之前我的目的就是要找到工作…
如果考慮到進公司以後的情況，真的不能說只要大企業都好…
好厲害喔！全都是大企業耶！
哈哈哈，我想像我們學校這種二流大學，應該是進不去吧！
選填志願是個人自由囉！
我只要是大企業都ＯＫ啊…
悶
進入公司以後想做什麼啊…
嗯…
小惠…
小惠已經決定要去的公司了吧？
啊，小希。

吵吵
咦咦咦咦！
跟小咲同公司？
鬧鬧
突然站起
嗯
跟小咲同公司，那不就是…
這是最理想就職企業排名第一名的公司啊！？
而且還是人資部。
好、好厲害啊…
可是怎麼會？你原本有想進這間嗎？
之前完全沒興趣喔！
咦？
沒興趣？
是因為咲小姐跟我的理想太接近了。
所以我就以個人名義對她做了畢業生訪談囉！
你好。
啊，原來是小惠喔？
咦咦咦咦？
我完全沒聽說啊～！

聽著她講起公司裡的事情。
這公司超棒，連這種事都肯讓我做呢！
哇～連那種事情都可以做啊！
讓我也想要跟她在同一間公司上班的想法。
所以我就狠下心去考試了。
結果就拿到聘書囉！
吞口水
這女孩的潛能也太高了吧？
!
但這是我的第一次呢！
在面試時展現「絕對要在這間公司上班」的心情。
緊握

恭喜你，面試官感受到你想要進入公司工作的想法。
謝謝你，小希。
進公司後想做的事
到底是什麼？
小時候只要有什麼困難或是煩惱，我馬上就會跟媽媽討論。
欸欸，該怎麼辦啊！
我們喝著可爾必斯說話吧！
放下

來，可爾必斯。
咦？
你現在不想喝可爾必斯喔？
那要喝咖啡嗎？
小咲？
蛤
我、我要喝，謝謝。
剛剛把小咲看成媽媽了。
好喝耶！
是我喜歡的濃度。
你也不想想，我之前搶過你的可爾必斯多少次。
呵呵呵
你真的很喜歡可爾必斯呢！
坐下
喝了就會讓我想起媽媽。
想起媽媽？

可爾必斯這種飲料，一定要跟水調在一起，小孩子自己不可能調得好。
所以當我跟媽媽一起調配可爾必斯，喝著可爾必斯，可以聊很多話。
就算是平常說不出口也都講得出來，很不可思議吧！
對我來說，可爾必斯是一種連繫我們母子間情感的重要事物。
原來是這樣子啊！
那可得好好感謝創造可爾必斯的人啊！
！
…

對啊，就是它…
我想要在工作中創造能留在世人心中的事物，就像可爾必斯一樣！
對啊，就是這個！我終於找到了！
…

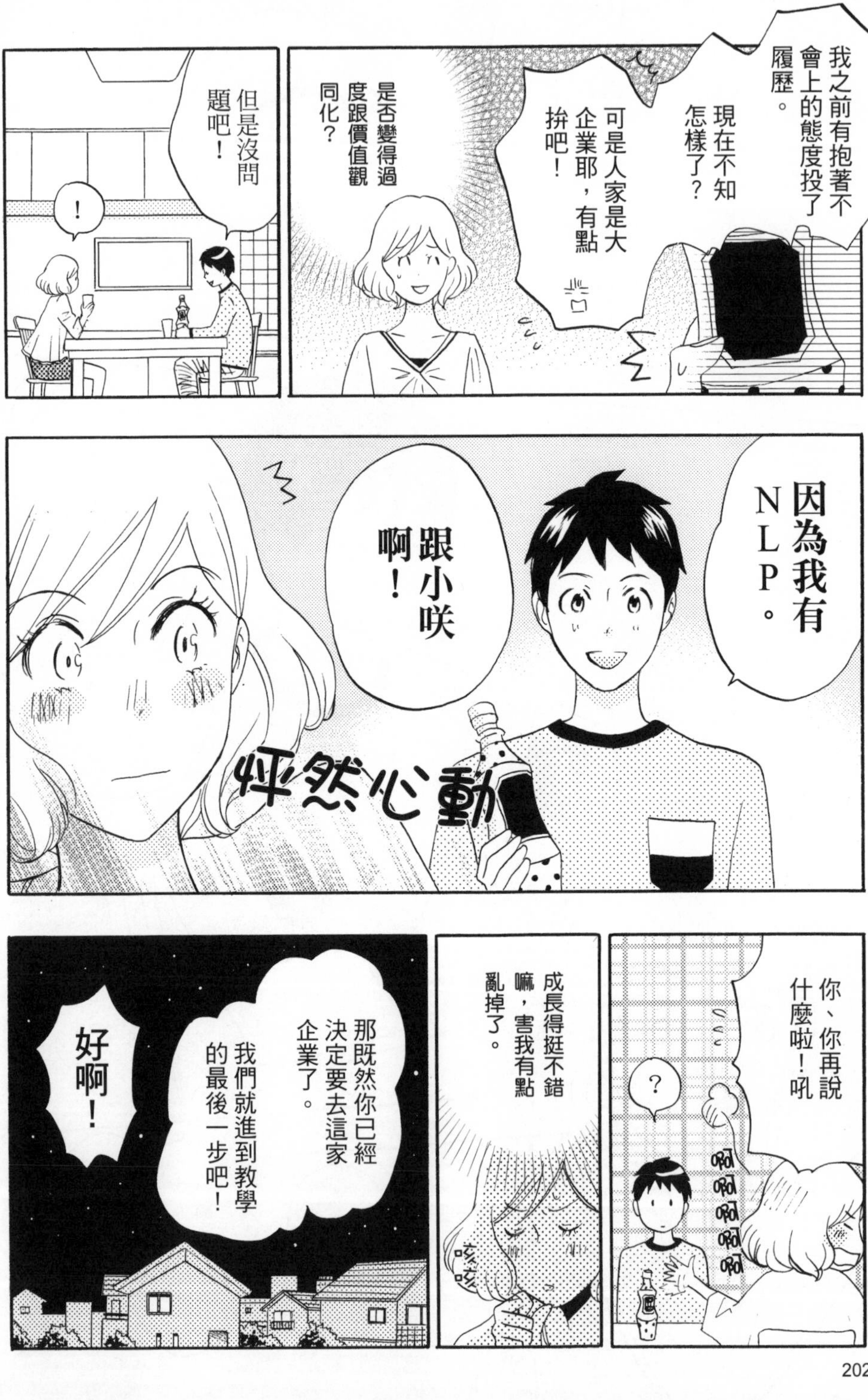
我之前有抱著不會上的態度投了履歷。
現在不知怎樣了？
可是人家是大企業耶，有點拚吧！
是否變得過度跟價值觀同化？
但是沒問題吧！
！
因為我有NLP。
跟小咲啊！
怦然心動
你、你再說什麼啦！吼
？
成長得挺不錯嘛，害我有點亂掉了。
咳咳
那既然你已經決定要去這家企業了。
我們就進到教學的最後一步吧！
好啊！

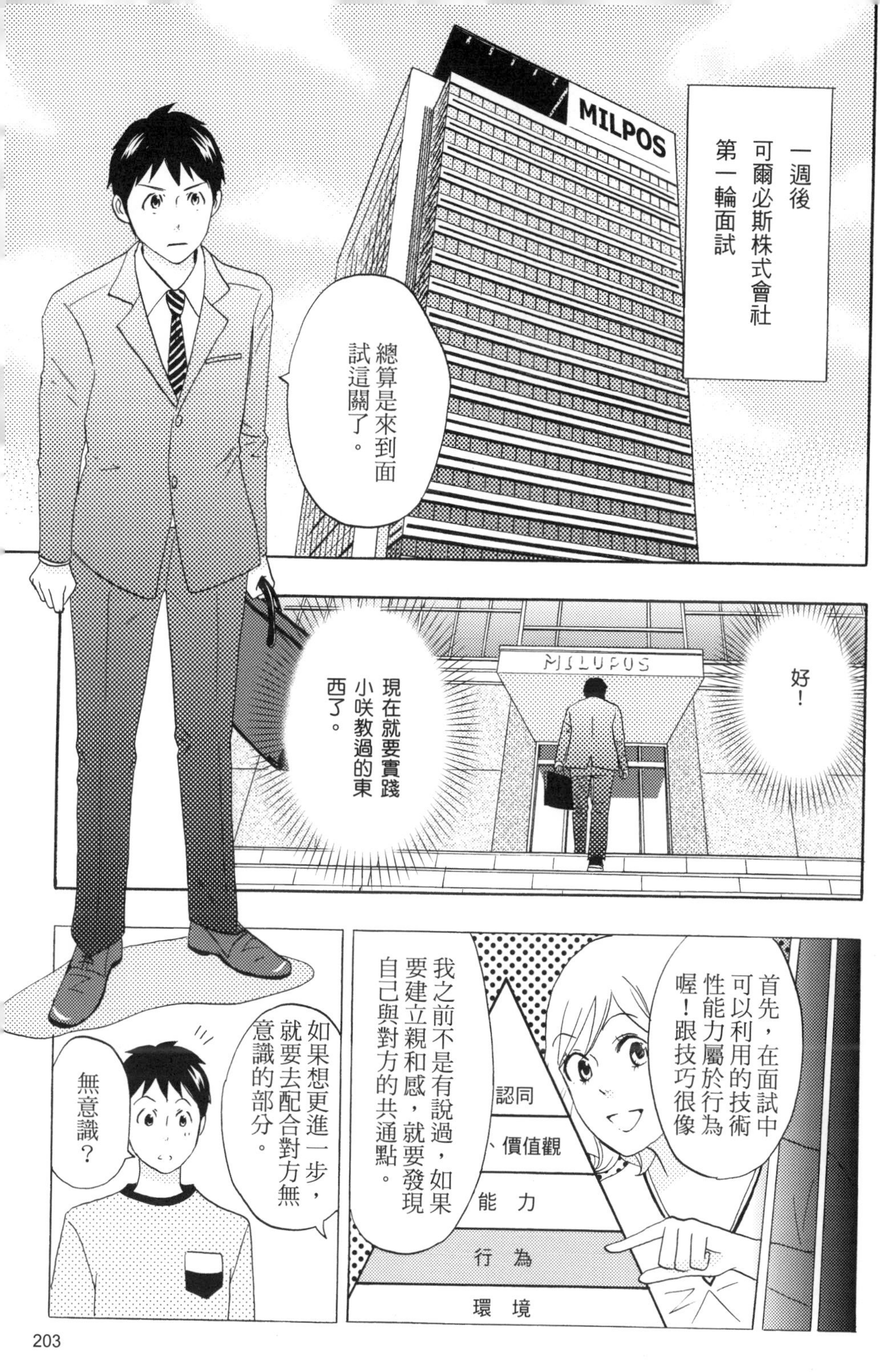
一週後
可爾必斯株式會社
第一輪面試
MILPOS
總算是來到面試這關了。
好！
現在就要實踐小咲教過的東西了。
首先，在面試中可以利用的技術性能力屬於行為喔！跟技巧很像
我之前不是有說過，如果要建立親和感，就要發現自己與對方的共通點。
認同
、價值觀
能力
行為
環境
如果想更進一步，就要去配合對方無意識的部分。
無意識？

就是同步啊！
配合對方行為等等的方法就叫做同步。
同步
↓
親和感
A
B
A
B
唰
唰
唰
唰
只要重複同步的動作，就能建立親和感喔！
首先是呼吸。
吸氣、吐氣
呼吸嗎？
感情融洽的情侶能以皮膚去感受相互間的感覺與想法，行動時能維持呼吸。
這就是所謂的「呼吸契合」吧！
啊啊…我沒什麼經驗啊…
在面試時你也試著觀察面試官，配合對方的呼吸進行同步。
那麼我們要開始面試了。
心跳
加速
打擾您了。
喀拉
觀察…
觀察…
是櫻井希先生嗎？
呼吸。
吸
吸
吐
吐

差不多就是這樣吧！
吸
吐
吸
吐
接下來試著配合對方的聲調跟語速。
面試官講得快，你也講得快，講得慢你就也慢慢講。
那我要開始面試了！
請您多多指教。
配合對方步調來對話，相信會讓他感到很舒服。
聲調和，
語速。
感覺不錯呢！
做到這件事後，就要來做鏡像映現法囉！
鏡像映現法就是讓你與對方的動作一致。
對方抬頭挺胸你也就抬頭挺胸。
對方微笑你也要回以微笑。
這個嘛……
搔搔
就是要模仿他。
搔搔

最後就是回溯法囉！
又被稱為鸚鵡學舌。
回溯法就是原封不動地重複對方說過。
A
A
B
B
讓對方講出許多的YES（對），藉此建立起深厚的親和感。
鸚鵡？
口吐「對」，在無意識層次就代表了「接受」，因此要讓對方多多說出「對」來。
好
我要拿到YES！
那最後你有什麼問題想問嗎？
我有問題。
鸚鵡學舌。
是的，請講。
YES
先拿到一個！
在工作中您感到最有成就感的時刻是？
應該是自己製作的商品被顧客接受的時候吧！
被接受的時候啊！
鸚鵡學舌。
對啊！
YES
第二個。
訂單來太多整個超累的啊！
這麼累啊！
鸚鵡學舌。
對啊，整個很驚人呢！
YES
第三個。

這樣啊！
哈哈哈哈。
哈哈哈哈。
我拿到不少YES。
感覺與面試官之間也產生親切感…
慘啦！時間超過了！
而因為建立起了親和感，兩個人也開始能敞開心房。
感覺面試好有趣啊！
那第一輪面試就此告一段落。
太棒了！
請來參加第二輪面試。
第二輪面試。
MILPOS

那麼現在開始第二輪面試。
在面試中要意識到度測喔！
請您多多指教
度測。
就種方法能透過觀察，去讀出肉眼難見的內部資訊。
讀出內部資訊？
面試官無意識層次的感受（真心話），將會化為一種信號顯現在外部。
做得到這種事嗎？
雖然沒有意識到，但其實大家平常都有這麼做喔！
譬如啊⋯

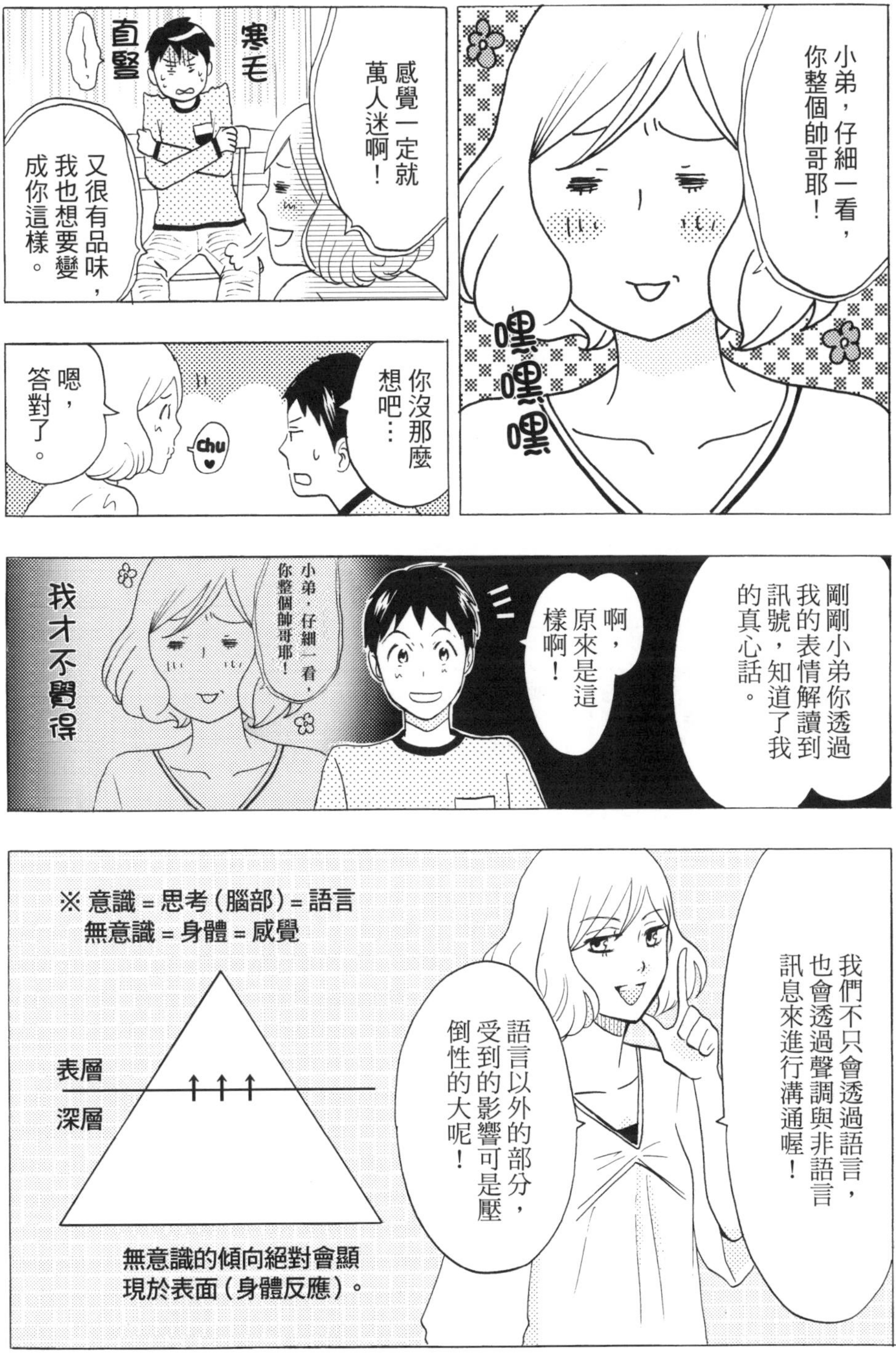
小弟，仔細一看，你整個帥哥耶！
嘿嘿嘿
感覺一定就萬人迷啊！
又很有品味，我也想要變成你這樣。
寒毛直豎
你沒那麼想吧……
嗯，答對了。
chu
剛剛小弟你透過我的表情解讀到訊號，知道了我的真心話。
啊，原來是這樣啊！
小弟，仔細一看，你整個帥哥耶！
我才不覺得
我們不只會透過語言，也會透過聲調與非語言訊息來進行溝通喔！
語言以外的部分，受到的影響可是壓倒性的大呢！
※ 意識＝思考（腦部）＝語言
無意識＝身體＝感覺
表層
深層
無意識的傾向絕對會顯現於表面（身體反應）。

◎嘴角自然上揚
→身心狀況極佳、遇到好事時。
◎說話時咧開了嘴
→壓抑自己的情感時。
◎穿著暗色系服裝（女性）
→不想引人注目，情緒低落或是平靜時。
◎穿著亮色系服裝（女性）
→情緒溫柔、雀躍、或抱著想要激勵自己的心情時。
◎以手碰觸頭髮（女性）
→將意識放在自己的內心。
◎不停以手指輕敲桌面等
→煩躁不耐，透過敲打節奏整理自己的內在情緒。
◎話變少
→體況不佳、感到緊張、抱持觀望態度、拒絕接觸外面的世界。
◎話變多
→有很多想說、感到焦急。
這些都是解讀非語言訊息的例子呢！只要能解讀面試官的
內在訊息，就能做對應的動作。
盯
即使再細微的反應也不要放過。

您已通過了第二輪面試。將依下列要領進行第三輪面試，請於當日至本公司參加面試。
終於進入最終面試。
你真是很努力呢！
就只剩下最終面試了。
好期待啊！
……
怎麼了嗎？
我想說如果能走到最終面試就要問你的…
嗯？
前陣子你不是有說「不然你絕對沒辦法通過最終面試。」
沒錯，還有你也得搞清楚自己進入那間公司後到底想做什麼？不然你絕對沒辦法通過最終面試。
那是什麼意思呢？
……
你覺得面試什麼東西最重要呢？
痾…
最重要的就是…

抱著「一定要將這件事傳達給對方」的想法，保持將意識放在對方身上的狀態。
咦……
之前你沒有想到進去企業後自己想幹嘛，你把目的擺在考進大企業上。
所以你才會強背硬記迎合企業，以此作答吧？
沒、沒錯……

所以你就會邊在腦海裡回想那篇原稿，邊跟面試官對話。
導致視線亂飄。
背起來的原稿。
你以為自己有在看對方，其實意識都飄到那篇背起來的原稿上了。
這會讓面試官認為你模糊不清，缺乏魄力。
最終面試通常都由總裁或是董事階級負責。
他們可都是身經百戰的經營者。
回答很制式一下就會被他們看穿了。
……
害怕
有個東西會帶給面試官很大的影響。
就是一致性。
那我該怎麼辦呢？

一致性？
「一致性」，指的就是最大限度地講出自己真實的想法。
就是不要偽裝自己。
而是真實的自己。
你最大的武器就是真實的自己，而不是另外打造出來的東西。
如果你講的都是自己的真實想法，聽起來就會誠實且有說服力呢！
這就是所謂的一致性。
這麼想來，小惠也是如此呢！
在面試時展現「絕對要在這間公司上班」的心情。
我做得到嗎？
握住

現在的你一定沒問題的。
都準備妥當了呢！
緊抓
我的一致性
要相信自己，去面試吧！
啪
好。

1 由手勢洞悉對方的心理狀態

非語言訊息，傳遞重要訊號

在專欄2（八十頁），我提到若是想在面試中給面試官刺激，最好就要基於自己的經驗，向面試官講述一段故事。而本章，將傳授各位編寫「具有個人風格故事」，及說服面試官的重點。

第三章曾說明，只要模仿對方的說話方式與態度，就可以和對方建立深厚的親和感。事實的確如此，如果沒有察覺到這部分的能力，就無法進行同步。

舉個同步呼吸的例子，如果有兩個人同時觀察某人，其中一個人可以進行同步，另一個人沒辦法，差別就在於他們是否能看見對方呼吸的微妙動作。無法察覺到，當然就沒辦法去配合。

觀察對方的微妙變化，**這在NLP被稱為度測**（calibration）。能察覺到對方的內心感受，就能讓溝通往好的方向前進。

舉我個人的例子，當我在研習會上就某件事物講解後，我會與學員們確認說：「是否都能理解」。此時即便學員點頭，卻一臉鬱悶，他們就是在發出「不懂」的信號，所以我會換一種表現方式，再跟他們講解一次相同的內容。**人際溝通的重點不是在語言上，深藏在心底的真心話才是重點**。擅於溝通的人，通常都會從對方發出的信號，解讀他的真心話，從而在對話內容與說話方式下功夫。

就如二一九頁的圖所示，我們透過腦部構思語言（意識），所以會視情況而定。**真心話透過身體（無意識）去感受，所以一定會顯露在說話方式（語速、聲音大小、語調）與態度（姿態、手勢）上，以「非語言訊息」的形式**。就像是在說明同步（一七三頁），我寫到「雙手抱胸，翹腳時，代表對方的上半身與下半身都處於封閉狀態」，內心狀態絕對會以一種微妙信號的形式，顯現於外在。所謂的「體察」、「察言觀色」表現，擅於溝通的人具有較高的體察能力，因此他們會去重視對方的真心話。而不會看人臉色，指的就是一個人從字面去解讀對方意思的傾向較強。

在此我列出幾個容易顯現真心話的重點。前文已介紹過，態度包含①表情、②姿勢、③手勢、④呼吸。首先①表情的部分，有嘴角緊閉或放鬆，及唇色等地方可觀察。

唇色是一個容易出現變化的重點，當感到緊張或不快等情緒，唇色會變淺。而狀況良好時則呈現漂亮的粉紅色。這是一種無意識的反應，無法隱藏，是一個發現對方真心話的重要信號。除此之外，也有不少人在忍耐時，會下意識地做出咬嘴唇的動作。②姿勢的部分，當我們在思考負面的事物時，肩膀會稍微下垂，呈現一種對肺部壓迫的姿勢。③手勢則各種各樣，包括：「前後左右搖晃」、「活動手部」、「搔頭」、「雙手抱胸（翹腳）」、「向前傾」等等。舉例來說，「雙手抱胸」並不一定是壞的，手握拳而雙手抱胸是一種壓抑自己情感的信號。而④呼吸，每個人呼吸的速度有快有慢，因此不能概括而論，但處於放鬆或心情好時，大部分的人在呼吸上都會比較和緩。

透過觀察這類非語言訊息，能解讀到其中的含意，很少人會將意識注意到這些訊息。只要將意識放在這些訊息，就能發現重要的訊號。根據對象不同，有時真心話會在其中表露無遺。

解讀非語言訊息

真心話會從身體（無意識）發送出去。我們將這種觀察力稱為度測。

肉眼可以看見的部分（聲音、呼吸、姿勢、視線）

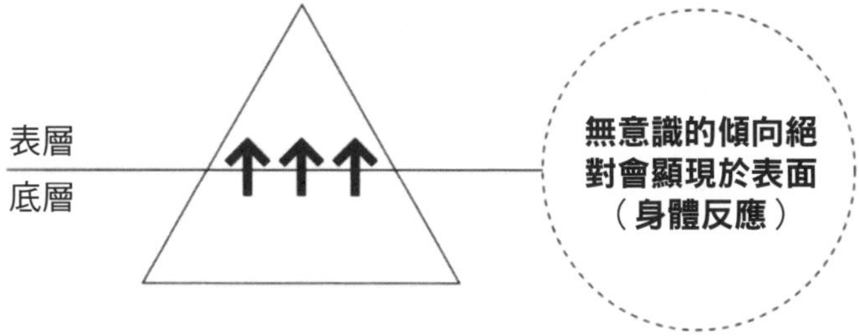
表層
底層
無意識的傾向絕對會顯現於表面（身體反應）

度測的案例

狀況	表層	底層
雖然回答說：「我瞭解了」……	但卻一副難以釋然的表情，稍微歪頭	不太瞭解 無法接受
就某項事物進行說明時	突然講得很快	對說明的部分沒有信心
對話一派祥和時，談到特定話題……	快速皺起眉頭	（對話題） 抱著厭惡感

2 在對話中抓住對方的心

⇩累積「對（YES）」，建立親和感

二〇六頁，小希讓面試官講出多次「對（YES）」，藉此加深兩人之間的親和感。此方法被稱為YES SET，是一種廣為流傳的方法，心理諮商師會透過此方法建立與客戶（諮商者）間的親和感。

在無意識層次，說出「對（YES）」，就代表「接受」之意。如果能在對話中與某人重覆說「對（YES）」的語句，或是不斷點頭稱是，都能讓雙方覺得自己的想法有傳達妥當，所以就會漸漸放鬆，持續數度在對話中搖頭否定，會讓人不由自主地想要手抱胸，翹腳。前文已提到，放鬆代表處於心胸敞開的狀態，緊張狀態（如手抱胸、翹腳的狀態）代表感覺到危險，而呈現內心緊閉的狀態。這些都是由無意識創造的狀態，因此反過來講，**只要我們在對話開始沒多久，就反覆讓對方講出「對（YES）」，就可以讓對方感到安心，進入一個心胸敞開，容易接納自己的狀態**。

各位還記得嗎？「充分瞭解」是讓人類感到安全與安心的標準（一六二

頁）。只要把對方重視的事物，或他有興趣、關心的事物當作話題，就可以讓對方的心胸敞開，感到放鬆。將對方重視的事物當作話題，不論他是否會真的講出對（YES）這個詞，他的內心都很有可能正在說：「對（YES）」。同步的基本就是要找出自己與對方的共通點，當作話題。這也是一種讓對方說出許多「對」的溝通方式（YES SET）。YES SET是創造「充分瞭解」的感覺。

善於傾聽的人很會引出對方喜歡的問題，且在傾聽過程常點頭，聽得津津有味，絕不會隨意否定對方。因此對方會漸漸敞開心胸，最後甚至連「深層的事物、重視的事物」都會自行吐露。從對方口中問出「深層的事物、重視的事物」後，再認同，即便兩人才見面沒多久，也會產生相識已達數年，且心靈相通的感受。二〇六頁便是如此，小希從面試官口中問出他很重視的事物，因此營造一派祥和的關係。

使對方說YES的回溯法

在對話給予對方肯定，能讓他感到安全，而敞開心胸。但當我們剛與陌生人見面時，常會找不到誇獎對方的機會（開端）。因為我們容易對初次見面的人持保守態度，所以不會向對方吐露真心話。

向各位介紹一種能在短時間內與他人建立起親和感的方法，且任何人都可以做到，就是回溯法（鸚鵡學舌）。**回溯法相當簡單易上手，只要原封不動地覆述對方說過的話**。首先請各位看到左頁的對話例1與對話例2。

在閱讀時配合想像情境，會感覺到對話例1非常生硬。另一方面，對話例2則讓人感覺溝通順暢，雙方有來有往。理由在於對話例2，有透過回溯法製造出YES SET。**原封不動地覆述對方說過的話，對方就會回你「對」，或以點頭做為回應**。若像上述情況，對話含有回溯法，那麼答話的人就會漸漸敞開心胸，且進入放鬆狀態。若能搭配前面介紹過的同步一起使用，可讓效果倍增。

如果對方是講話速度快的人，進行回溯法容易打斷對方的話，因此不妨抓到良好時機，再利用同步。

沒有利用回溯法和利用回溯法的差別

● 對話例 1（沒有利用回溯法）

A：你想去吃些什麼？

B：比起肉類我更想吃魚。

A：那吃生魚片好呢？還是吃些烤魚跟煮物呢？

B：我想吃新鮮的魚。

● 對話例 2（利用回溯法）

A：你想去吃些什麼？

B：比起肉類我更想吃魚。

A：比起肉類你更想吃魚啊！

A：那吃生魚片好呢？還是吃些烤魚跟煮物呢？

B：我想吃新鮮的生魚片。

A：新鮮的生魚片啊！

對話例 1 變得像是在質問對方。相較下，對話例 2 裡的 A 先生通過回溯法，去附和 B 先生，讓他在內心已經講出「對啊」，營造兩人對話有來有往的氛圍。

3 配合企業風氣的技巧

同步並不是扭曲迎合

各位總有一天會進入各企業工作，在此需要與周遭保持協調，且正確表達自己的意見，讓周遭願意接受自己意見的能力。同步的前提就是擁有自己的意見，接下來才需要進入同步的操作，讓對方接受該意見。給對方影響的技巧稱為引導（Leading）。也可以說是為了進行引導，所以才會有同步（pacing）的存在。**如果只利用同步，會變得扭曲迎合對方意見，導致自我特色消失**。

團體面試裡，就算一個人的發言內容多麼精彩，如果他在對話中常常扯其他人後腿，或對其他學生發言感到不耐煩等等，都會留給面試官不好的印象。但對任何人的意見都給以贊同，就會失去表現自我特色的機會，一樣無法帶給面試官好印象。

請務必記得，人際溝通的順序為①同步→②引導，目的是為了要進行引導。

⇩領袖風範，指的就是「對組織進行同步→引導」的能力

協調性是相當重要。由於企業是營利組織，在艱困的競爭下獲勝並存活下來，需要有領袖風範，能統整組織，且帶著組織一同成長的人才。

領袖風範指的就是帶領集團的能力，在操作順序與個人之間的溝通並無二致，也就是①同步→②引導。

在團體面試等場合，要以「對在場全體進行同步」→「對在場全體進行引導」的順序來進行。我們將這稱為領袖風範。所以在團體面試等場合上，面試官看的就是你有沒有辦法尊重團體內的其他人（保持同步），且將大家引導到與你的意見相同的方向（進行引導）。

舉例來說，我的工作就是在諮商等個人課程，或研習等以團體為單位的課程上，教導他人某些東西。在教授個人課程時，我會盡量和對方（個人）的呼吸達到同步，就像前文所寫的一樣。當換到研習等以團體為單位的場合時，會對整個場合進行同步。

我是去感覺整個場合，再進行同步的動作，這個表現就是配合「企業風氣（色彩）」。

至今為止，我在各式各樣的企業舉辦過研習會，而每間企業的氛圍與風氣都各不相同。因此我要親身感受每間企業的風氣，再去配合它。

舉例來說，我曾經用相同主題，相同內容，分別在銀行與美容公司舉辦研習會。即便是相同的研習內容，在銀行我就穿上一身黑西裝，繫上一條適合的領帶。由於我感受到銀行業整齊俐落的氛圍，所以採用非常有禮貌的用字遣詞，有條不紊地將研習內容傳授給台下學員。因為其中許多學員都具有高度的理解能力，因此我的講課速度飛快，在這次研習會所實施的內容，相當於同樣內容標準研習會的一・五倍。在美容公司舉辦研習會時，我則穿起夾克搭配一條牛仔褲，走休閒風格。我沒有打領帶。研習會的學員多為二十幾歲的女性，雖然對溝通很感興趣，但看起來不太喜歡學習。因此我減少去談理論性的知識，幾乎所有時間都用來實施與溝通相關的練習，聽完學員們的感想，再給予建議。我塑造輕鬆的氣氛，以和緩的步調進行研習會。雖然研習會講的內容相同，但我會從服裝打扮到授課方式都採不同形式。因為我感受到不同的企業風氣，所以在授課方式配合企業風氣。結果每間公司都接受我的授課內容，讓我將學員們引導到我希望的方向。

這就是引導所發揮的作用。

各位在求職時，會前往各個企業，相信從中可以感受到各企業氣氛上的不同。有「風氣自由的企業」、「重視禮儀禮節的企業」。業界不同，氣氛各有不同，即便是同樣的業界，各企業的風氣也有可能是天差地遠。舉例來說，同樣都是家電製造廠商，SONY與Panasonic的氛圍卻南轅北轍。雇用方基於企業的經營理念，會有理想中的員工形象。因此會仔細觀察，求職者是否符合，適應企業的氣氛等等。**求職者必須要能感受公司的氣氛，且在姿態上給以尊重（同步）**。比起找到工作，進入該企業後過得如何才是重點。不適合自己的企業，風氣就不合乎自己的價值觀。因此提高自己的度測能力，藉此察覺企業氣氛，選擇自己能與成員協調合作的業界、企業可是相當重要的。若是企業在風氣上能讓你自然地進行同步，你就能輕鬆地展現出自己的個性，也較容易被同事們接受。這也代表你能發揮領袖風範。

4 利用一致性，提升個人存在感

正確答案與一致性

向人資負責人與職涯諮商師詢問最近學生的求職狀況，他們都會講出同樣的話。

「學生們在面試時所講的內容都大同小異」。

我甚至還有聽說，時下已經是網路社會，有學生在網路上看到有留言表示「在面試某家企業面試時會被問到的問題，針對問題只要回答ＯＯ就會通過面試囉！」因此面試時就完全按照留言內容回答。

參考成功的案例非常重要。但你已經發現自己的優點，且能確實傳達給面試官。

即便回答內容像同一個模子印出來的，有些學生聽起來就流於表面，有些學生講來就能打動面試官的心。如果一個人擁有罕見的演講才能，也許不管講什麼內容都能感動他人。但不是所有人都有這樣的才能。

這裡要介紹一個讓自己的傳達能力得到最大效果的方法。

就是抱著一致性，將自己真心認為重要的事物傳達給他人。我想應該連試都不用試，即使我們將別人寫的最佳解答背起來，照本宣科地讀出來，也完全不會有熱情。因為這解答原本就與你毫無關係。無法找出自己真心想要表達給面試官的內容，從非語言（無意識）層次散發出來的印象也會隨之變弱。在說明度測的時候（二一六頁），也已經跟各位提到，**深藏內心的真心話絕對會顯現於外在，比起說話內容，外在印象（非語言訊息）會帶給人極大刺激**。

即便能毫無錯漏地將背起來的最佳解答講述出來，但面試官還是會感覺這個人的「說話方式」無力，且在「態度」上缺乏自信。也許這個人也會感到膽戰心驚，深怕自己硬背的內容會遭到面試官吐嘈。

如果有人想與面試官分享自己發自內心的想法，透過講出的內容讓面試官瞭解自己的人生態度，情況又會如何？相信他的一字一句都會鏗鏘有力，而且由於講的都是真心話，所以面試官會感覺到他的話有一致性。在這樣的狀態講話，可以觸動面試官的心靈。

由於這是自己的真實體驗，即便被面試官吐嘈，也可以誠實地回答。而且這也是平常自己認為重要的事物，所以能講得具有個人特色，針對面試官的問題也較能柔軟地回答。

但學生族群，有許多人還無法從內心發掘自己的優點。這裡介紹一種「明確定義自己的核心價值，幫助內心建立自己定位的自我發現法」。自我發現法是一個最強的武器，能幫助我們在說話時具有說服力。

⇩從貼近生活的層次尋找自我定位

舉例來說，如果有人問你，你重視的使命及職責（自我認同層次）是什麼？你大概很難回答。同樣地，應該也很難去回答自己重視的價值觀是什麼。由於我們平常都將意識放在環境，或是行為等較淺的層次，導致上層概念變得透明。

如果對方的問題換成：「你是哪間大學的學生？（環境層次的問題）」、「你對什麼事（What）抱著興趣呢？（行為層次的問題）」，情況又會是如何？

是否不用思考，答案就脫口而出了呢？因為這些都是你感覺到，存在自己生活中的層次。

「發現自己從屬等級的信念、價值觀、自我認同的方法」

自表層 ↓ 到底層

層次	說明
環境層次 Where/When	①知道自己的環境（科系、打工地點、社團）等等。
行為層次 What	②知道在自己的環境，特別對什麼東西（What）抱持興趣。
能力層次 How	③發揮個人特色，來實踐自己有興趣的事物？
價值觀層次 Why	④自己在③發揮個人特色實踐了某事，知道自己為何（Why）會覺得它很重要。
自我認同 Who	⑤總結上述事項，瞭解自己在組織，或人生的使命與職責。

●

①你覺得有意義的打工是？
→咖啡廳的打工。
②你特別對哪方面的業務（事物）感興趣
→接待顧客
③下過哪些功夫，讓該業務在進行上具有個人特色？
→我會細心照顧顧客，不會完全照著工作守則做事。在工作方面我總會仔細觀察顧客，站在對方的角度思考對方現在的需求。
④為何在處理相關業務時，會想要下這方面的功夫？
→因為當我看到顧客能舒適地待在店裡，度過一段豐富的時光時，我會感到非常開心。
⑤綜合以下幾點，你所重視的使命以及職責為何呢？
→我的存在就是為了提供顧客豐富的時光。

※ 請以「我是 OO 的存在」表現使命與職責。

假設某個人被問到：「現在你對什麼東西感興趣？」他的回答是：「我喜歡到國外旅行。」接下來繼續以他的能力層次詢問：「你如何（How）享受國外旅行？」他也許會回答：「我總是一個人去旅行，與其他國家的人一起打地鋪，與對方建立起友誼，這讓我非常享受。」若對方又繼續就他的信念、價值觀層次詢問說：「為何（Why）與其他國家的人建立起友誼會讓你感到享受呢？」此時他又會如何作答呢?也許他會在沉默很久後，掌握自己的價值觀，才回說：「因為我喜歡未知世界，發現新事物會讓我感到興奮。」如果劈頭就被問：「你重視的價值觀是什麼呢？」此時尚未清楚掌握自己的價值觀，即便勉強回答，得到的答案也許會模糊不清。**如果能夠以行為層次↓能力層次↓信念、價值觀層次的順序慢慢深入，有價值觀與行為的支持，就會變得合乎邏輯，清晰明瞭。**

⇩在社會履行的使命跟職責落在自我認同層次

如果又繼續問他說：「你重視自己「喜歡未知世界，發現新事物會讓我感到興奮」的價值觀，那它又能在這世界發揮怎樣的使命與作用？」也許他回答：「我發揮先鋒精神的存在」。**從信念、價值觀再往下深入，以自我認同層次進行詢問，就可以深入發現自己存在意義的程序**。

利用「我是某某」、我是個什麼樣的存在」來表現自我認同層次，它就會趨於安定。

在我還是一位學生時，也是到求職尾聲，有過了各種體驗後，才發現自己未來想做什麼，及想要進入怎樣的公司，且在公司裡做哪些事。很難去發現，那麼深層的部分。在求職時，你的使命與重視的價值觀時刻都於腦海內打轉，因此只要利用此程序，就可以在短時間內，正確地掌握自己的信念、價值觀及自我認同。這樣就能明確知道自己想進入哪種業界，且在那個業界從事哪種工作了。

如果將這部分搞清楚，就不只是能瞭解自我，還能幫助自己將能力做最大發揮。若是前面例子，這個人感受到自己「是一個發揮先鋒精神的存在」的自我認同，將意識放在「喜歡未知世界，發現新事物會讓我感到興奮」的價值觀，因而發現自己擁有好奇心去接觸任何人的能力，即便與對方初次見面。各位應該可以知道，此時他會在自己的內心，感覺到堅實的自我定位。

5 利用使命與職責，編織個人故事

從使命與職責下手！

請各位實際以二三一頁的順序進行操作，將自己代入各個問題，試著自問自答。我想其中應該可能會有些問題沒辦法馬上想到答案，但這是一個很重要的程序，直接關係是否能尋找到適合自己的職業，及將能力做最大發揮，因此在操作時請多些毅力。從環境層次或是行為層次開始問起，明白自己的使命及職責，可將順序顛倒過來，進行體驗。

首先只感受自己的使命與職責。接下來感受信念與價值觀。接下來感受這兩個層次，邊將意識放到能力層次上。然後在感受包含能力這三個層次時，將意識放到行為上。最後在感受包含行為的這四個層次的同時，去想像環境層次。**意識到五個層次，能夠感受到一致性（符合邏輯的自己）**，閱讀左頁的案例應該會讓各位更容易想像。這樣就能在內心感受到「絕不動搖的自信」與「個人特色」。像二一九頁的圖片顯示，人類的內心會顯露於外在，就旁人看

利用使命與職責，編織故事

以二三一頁的案例進行

①首先體驗使命與職責（自我認同層次）。
→實際感受自己的使命與職責是「我的存在就是為了提供顧客豐富的時光」。

②接下來體驗信念與價值觀層次。
→抱著「我的存在就是為了提供顧客豐富的時光」的價值觀與職責，感受那個重視「希望顧客開心」價值觀的自己。

③體驗使命、職責與信念、價值觀，同時體驗具有自我特色的能力。
→實際感受到上面兩個層次，感受到自己仔細觀察顧客，設身處地為顧客考量，具有自我特色的能力。

④體驗使命、職責、信念、價值觀、具有自我特色的能力，同時體驗行為。
→邊感受上面的職責（使命），想像自己發揮上面的能力來接待顧客（行為），獲得實際感受。

⑤體驗使命、職責、信念、價值觀、具有自我特色的能力、 行為，同時體驗打工處的環境。
→實際感受上面所有層次同時存在於自己的內心，想像自己在打工環境上班，獲得實際感受。

重覆進行①～⑤的順序，重覆想像從自我認同層次到環境層次，加強一致性！

來，你的氣質與相貌也更可靠。

依照二三五頁的順序，從自我認同層次（使命・職責）開始體驗，將環境層次體驗完畢，對於編織故事以提供面試自我介紹，可以讓故事編寫的更好。譬如，拿二三五頁的例子來說，就可以勾勒「①在咖啡廳打工、②對接待顧客抱持興趣、③細心地顧慮到顧客、④「看到顧客能度過一段豐富的時光就會感到很開心」、⑤「自己希望能通過提供給顧客豐富的時光，藉此對社會做出貢獻」的故事架構了。講故事前，可以先進行「同時意識五個層次的想像練習」，將印象烙印在腦海裡，這樣講故事就會更強而有力。這是因為「一致性」讓能力得到最大發揮。

⇩ 從使命（任務）來選擇適合的職業與業界

接下來將傳授各位，如何以自己生活週遭的案例當作線索，發現價值觀與自我認同（使命、職責），從中推測出適合自己的職業。

從屬等級的圖（五十五頁）呈現頂端窄，底端寬的金字塔型。代表說，上層概念雖然既抽象，數量又稀少，但卻會對許多領域造成影響，而下層概念則是具體，且具有多樣性的表現。

舉例來說，「我是父親（我=父親）」的自我認同獨一無二，但是為人父之後，擁有（得到強化）的價值觀卻有好幾種。一種價值觀會同時給予好幾種能力影響。而一種能力也會決定好幾種行為的質量，各位可以發現，從屬等級呈現一種自上層概念向下層概念擴散而去的構造。正因為呈現這樣子的構造，可以廣泛散佈於環境層次與行動層次等處，自己於生活週遭感到有興趣的事物作為入口，繼續深入後就能發現自己的定位（存在價值），如價值觀與自我認同等等。

以貼近生活周遭的層次作為入口，將價值觀與自我認同（使命、職責）搞清楚，就能從中探尋對求職有所幫助的部分，依序為「想透過工作加強的能力（能力層次）」、「想要體驗的工作內容（行為層次）」、「想在某業界工作（環境層次）」。如果試著套入二三二頁的案例來思考，就是從「我發揮先鋒精神的存在」的自我認同，與「喜歡未知世界，對發現新事物感到興奮」的價值觀，試著推測適合自己的工作內容與業界。

首先自己就會知道，該朝哪個方向提升自己的能力（能力層次），才能滿足這樣子的自我認同與價值觀。

此時是否會聯想「與各種類型的人溝通的能力」、「創造新商品或新服務的能力」呢？

明確掌握自己該朝哪方面提升能力，較能鎖定自己的工作內容。如果是案例的人，相信他對創新的工作較感興趣，而不是保守的工作。從他可以與各類型的人溝通的觀點來看，也許他適合走業務路線。從他能夠創造新商品或新服務的觀點來看，他也許是一名稱職的活動企劃。比起選擇許多規則與限制的職業，也許他更適合自由與自主權的職業。

根據上述內容，比起商社、服務業、旅行業等傳統的公司，他說不定更適合進入新創企業任職。從獲得一定自主權的觀點來看，他也許會感覺中小企業極具吸引力。

他會將自己的使命與職責，還有重視的價值觀當作主軸，瞭解自己想要提升的能力（能力層次），及想體驗的工作內容（行為層次），最後就會選擇滿足上述條件的業界。

利用從屬等級向企業傾訴「愛慕」之情

接下來我們要從選擇的業界，從企業的宣傳手冊讀出「企業的形象」、「企業的經營理念（企業的價值觀）」、「能在企業得到提升的能力」、「企業的工作內容」等等，製作志願企業的從屬等級金字塔，與自己的金字塔一左一右排列開來，試著分析兩者間有多少一致的部分。透過這方式找出自己與目標企業一致的部分後，就可以透過自己的體驗說：「我與公司重視的價值觀、必須能力朝著同一方向。」前文曾提到，求職就像是企業與學生在相親。當雙方都能互相理解對方重視的事物時，才能就價值觀與追求的事物進行磨合。此時學生對自己重視的事物感到模糊不清，就不可能讓企業理解自己的期望。對學生而言，不能理解企業的期望，只是將自己的價值觀強加於對方身上，就不是所謂的磨合。在尋找與自己互相愛慕的企業，就要分析自己與企業的從屬等級。以講故事的方式，讓企業理解你與企業是相互合適的。

最後我想跟各位談談，我個人是如何求職，決定要去哪個業界，之後又是怎樣累積自己的資歷。順便講講，踏出社會前我曾經抱著怎樣的期待，實際工作後的感受又是如何，在兩者間又存在著怎樣的落差。現在我已經四十三歲了，在此我和還在進行求職時的自己做比較，看看自己這些年來有哪些改變，哪些地方是始終如一，刻劃出在求職中的主幹與旁支。

6 企業最想要怎樣的人才？

⇩掌握「使命、職責」與「重視的價值觀」，就能說故事

大學畢業後，我進入經營顧問公司上班，並工作八年後進入友人經營的補習班工作兩年，之後獨立創業，現在為兩家公司的經營者，負責舉辦企業人才開發研修，及個人自我實現的講座等等。

我將經營顧問當作目標，因為學生時期，我打過許多類型的工，其中擔任補習班講師的工作讓我做得最開心。因為我很喜歡教人。

當時我負責教授考大學專班，學員多為高中三年級的學生和重考生，我非常高興能幫助他們考大學，也喜歡引導他們的能力。當時我就配合利用意象訓練等潛能開發達成教學目標。

從這裡可以發現，當時我的自我認同，就是使命與職責的部分「我的存在是負責教學」、「我的存在是負責引導他人能力」。當時我重視的價值觀是「親自與學員做深度接觸」。補習班會進行團體授課與個別指導。我比較喜歡個別指導的形式，因為可以去配合個別學員。團體授課無法精準指出學員問題，這讓我感覺自己只是在教學員們知識。進行個別指導不只是教導學員課業上的知識，學員有煩惱時，也能透過對話給予諮詢，也能將自己的生活態度講給學員聽，建立緊密的關係。

進行求職時，我也曾想過要從事教職人員，或補校的講師。但是比起去教導學科科目，我更對「提升他人能力」更抱著濃厚興趣，因此想說，也許「教育社會人士」的工作很適合我。我也有極大的野心想一展長才（想要獲得成功）。當時對我來說，重要的是能不能在工作中獲得成長。

變化及多樣性也是重要的價值觀，比起持續待在同一個地方苦幹實幹，我更想要去各種不同的地方工作。

因此我才會嚮往成為一名經營顧問。因為經營指導是最講求能力層次的工作之一，具備的能力包括：「親自與客戶展開對談，藉此與對方建立豐富多元的關係（親自與客戶做深度接觸）」、「可以進入不同的公司上班（讓多樣性得到實現）」等等。因此當時我認為，若是能成為一名經營顧問，或許就能滿足自己的價值觀，也就是「在短時間內於人格及能力上都獲得極大成長」等等。

當時我還不知道什麼是從屬等級，因此沒辦法鉅細靡遺地進行自我分析，但是我從補習班講師的工作獲得很大的成就感，推導自己的理想及價值觀，並講述給面試官聽。當時我尚未擁有很多經驗，但是我認為，從打工等體驗進行自我分析，來選擇職業的方法並無錯誤。之後我在工作不斷累積資歷，判斷事情也越來越精準。**我們必須花一輩子的時間，進行深度自我分析，並從中發現自己的使命與職責**。

⇩ 工作上盡全力，才能看清自己

之後我成為一名經營顧問。**過程雖然迂迴曲折，但所有的體驗都成為我實**

現自己的使命與職責的資產。

進入公司後我努力想當上一名經營顧問，但是我慢慢發現，自己的能力並不適合這份工作。有時候，你不實際工作看看，就不會知道自己適不適合這份工作。我可說是扎實地學習與經營有關的事物，掌握經營的相關知識，但也發現到，自己在經營方面並沒有特別凸出。當然並不是說我完全不能給人經營上的建議，但若要提供建議給身經百戰的經營者，還略顯不足。

當時我主要負責跑業務與舉辦研習會。在跑業務方面我曾獲得的紀錄為頂尖業務員，但是我不認為跑業務是個可以讓我做一輩子的工作。但在跑業務的過程，能與客戶（顧客）之間建立起親密關係，讓我感到非常開心。當我學習相關知識，提供有幫助的資訊給對方時，我也會感到一陣喜悅。另一方面，若是我覺得某個研習會的內容很棒，我就能積極地把它銷售出去。身為一位社會人士，在工作方面與周遭協調相當重要，即便面對自己不擅長的工作，我也會擺脫個人好惡，努力去完成它。而工作的一切體驗，都讓我更瞭解自己。能更加準確地知道自己想要做什麼，及不擅長做什麼，我已進入這家公司達八年之久。也就是在這一年，我決定要轉換跑道。

我選擇補習班作為自己的下一份工作。在求職時，我以成為經營顧問作為目標，但卻在工作的路上飽受挫折，因此決定要走回自己原本擅長的教學工作。

我沒有勇氣一開始就創業，因此選擇進入友人經營的補習班任職。

時隔多年，我再次教導學生讀書。感受到教學的快樂。這對我來說彷彿如魚得水，在「單純教導學生」與「指導學生找工作」等事務投注了極大熱情。特別是「指導學生找工作」，當時我曾在職涯諮商師的考證照學校就讀，因此在補習班也負責為學生提供求職活動中的諮詢。當我為學生在學校，及工作上的煩惱提供諮詢，或是就其職業選擇提供諮詢時，我會感受到成就感。另外，我也可以親自給予學生家長在孩童教育方面的諮商。我感覺這種與心靈（心理）有關的工作，有極大的意義與價值。但我也發現，自己並不適合擔任班主任，負責處理教室的管理。我已經非常瞭解，自己並不擅長負責管理職的工作，如：「提升經營利益」、「管理帳目等複雜的業務」等等。我擅長集中精神處理某一業務，但是同時處理多項業務，及需要利用到數字的管理工作會讓我感到困難重重。

從過去的體驗，我發現到自己是位典型的Player（工匠性格）。**在總計達十**

年的上班族生涯，我終於知道自己的好惡，以及自己的長處與短處。

我明確知道，自己是一個「負責教學的存在」，而想要教授的內容是：「與心理有關的內容」與「潛能開發」。因此我也發現到研習講師，及心理諮商師、心靈教練員等等與心理學和能力開發有關的職業，對我來說是一份天職。

即便在求職中充分進行自我分析，選擇職業，大腦裡面的想像，與實際的工作情形也不一定相同。可以說如果沒有實際投身於工作，不會知道自己適不適合該工作，及公司的職場風氣。**但是我們要在社會上實現的使命與職責卻不會有任何改變**。**像我個人就是「我的存在是負責教學」、「我的存在是負責引導出他人能力」**。

當我在經營顧問公司擔任業務一職時，若有個我覺得非讓客戶參加不可的研習會時，我就會充滿熱情地邀請對方前來。我認為培育人才就是自己的道路。我在補習班的工作方面，也直覺性地知道老師們該怎麼做，才能讓學生與工讀生發揮自己的能力，且充滿熱情地傳授給對方。

雖然公司不同，但我的工作經驗，仍持續支持今天的我。在第一家公司我學習與經營有關的知識，這對之後我獨自創業，經營公司有不少幫助。我在原本的公司負責舉辦商業研習會，因此知道舉辦研習會，及招募學員的基礎，這讓我在自行創業後也能順利地擴展業績規模。

在補習班，我負責教室的營運，所以能在第一線學習有關經營的諸多內容獲取經驗。因此在自行創業後，我也不曾對公司的營運感到困惑。同時我清楚自己不擅長處理帳目等業務，因此就將該類業務全數交由底下的員工負責。所以我能營造適當的環境，專心處理「重要的決策」、「開發研修方案」、「擔任研修講師」、「諮商」、「書籍撰寫」等自己擅長的業務，將個人特色做最大程度的發揮。

只要在現在的想法確實有使命與職責，那麼途中的體驗將會有所幫助。在組織裡工作，當然多少要負責自己不擅長的業務，或是體驗到與主管不對盤等人際關係上的摩擦。但是只要抱著能從中學習的態度，任何經驗對自己都有幫助。現在我也有提供講座課程，幫助學員們改善與自己不擅長相處的人之間的溝通狀況。我之所以能提供此講座，也是因為我曾經有過一段挫折的人際關係。因此我希望各位費盡心思，好不容易進入某間公司後，卻無法在工作方面找到其中意義時，也可以努力地去工作。即便碰到自己不擅長的業務，也要努力地去處理，如此一來之後能獲得回報。

或許你現在求職尚未獲得任何成果，但你現在的失敗對將來肯定也會有幫助。我希望你能抱持正面態度，想成是一個能讓你瞭解自己適合從事哪些工作，及不適合從事哪些工作的過程。

本書一再提到，獲得聘書的確很重要，對開始工作的人生更為重要。因為對大多數人來說，出社會後，工作將會佔據自己最長的時間。

而人生就是時間。因此若是能在工作方面得到滿足，人生的大半部分也就能得到滿足。若是無法感受到自己的工作有何意義或價值，人生就像是白走一遭了。所以人生最為重要的地方就是工作是否快樂，以及是否能透過工作獲得成長，自己在社會上要實現何種定位（使命、職責）的動作具有深刻意義。若是你能在求職中發現自己在社會上的定位，那求職將會是你人生中最有價值的一段時期。**各位不要只為了講述故事，而利用從屬等級來發現自己的價值觀與使命、職責，請運用從屬等級，視此為一個尋找自己人生定位的機會，因為將來大家必須花費數十年的時光，讓自己的人生定位成長茁壯啊！**

各位是否開始覺得，在求職時不管是成功或失敗，所有事都有意義？能將所有求職發生的事，都當作自己成長跳板，才是將來會有發展的人才，我想這也是企業主最渴望的人才。

MILPOS
可爾必斯
株式會社
最終面試
櫻井希先生，請進。
喀拉
請您
多多指教。
Story 5
「姊姊，謝謝你！」

老爸回來啦！
還帶新媽媽一起回來囉！
喀拉
初次見面！
你看，我還帶了加拉巴哥鬣蜥的小貝比當土產喔！
那、那可不行啦！
你把鬣蜥的小貝比帶回來啦？
當然是布偶。
嘰嘰
哈哈哈哈哈
你別嚇我嘛！
哦哦哦哦哦哦哦哦哦！
驚
怎麼回事？
啪搭
怎麼了！

錄取通知書
太棒了！聘書寄來了！
哦哦哦
哦哦哦
恭喜你！
小咲我做到了！
！
老爸
你回來的正是時候！
啪
你看！

我拿到聘書囉！
我終於要出社會了！
聘書
你真的是小希嗎？
蛤？你是什麼意思？
不是啦！因為啊…
你整個人都變得神采飛揚呢！
咦？
是發生什麼事了嗎？
這、這個嘛。
嗯？

chu
求職就是要短期決定勝負啊！
好、好的…
啪
我的可爾必斯！
我允許你模仿我。
晚安。
都多虧了小咲。
小弟。
這是什麼氣氛啊…難道你們已經有了什麼…？
沒有啦！你們誤會了。
呿，原來是誤會啊…
小咲你別亂講會讓事情變更複雜啦！
所以我才反對讓兩個年輕人同居啊！
我就說沒有啊！

畢業季
從今天起我終於要出社會了，真緊張啊！
NLP會派上許多用場。
小弟你要加油喔！
謝啦！
姊姊！
姊姊心情有點複雜啊……

國家圖書館出版品預行編目資料

漫畫NLP就業求職筆記：勇敢踏出第一步，改變態度通往錄取之路 / 山崎啓支作；謝承翰譯. -- 初版. -- 新北市：世茂, 2015.05
面；　公分. --（銷售顧問金典；82）
ISBN 978-986-5779-74-0(平裝)

1.就業　2.神經語言學　3.漫畫

542.77　　104004056

銷售顧問金典82

漫畫NLP就業求職筆記：勇敢踏出第一步，改變態度通往錄取之路

作　　者 / 山崎啓支
譯　　者 / 謝承翰
主　　編 / 陳文君
責任編輯 / 張瑋之
出 版 者 / 世茂出版有限公司
負 責 人 / 簡泰雄
地　　址 / (231)新北市新店區民生路19號5樓
電　　話 / (02)2218-3277
傳　　真 / (02)2218-3239（訂書專線）、(02)2218-7539
劃撥帳號 / 19911841
戶　　名 / 世茂出版有限公司
單次郵購總金額未滿500元（含），請加50元掛號費
世茂網站 / www.coolbooks.com.tw
排版製版 / 辰皓國際出版製作有限公司
印　　刷 / 世和彩色印刷股份有限公司
初版一刷 / 2015年5月

ＩＳＢＮ / 978-986-5779-74-0
定　　價 / 300元

黏貼處

電話：(02) 22183277
傳真：(02) 22187539

世茂好書・豐富心靈

世潮精典・智慧同行

廣告回函
北區郵政管理局登記證
北台字第９７０２號
免貼郵票

231新北市新店區民生路19號5樓

世茂
世潮 出版有限公司 收
智富

黏貼處

讀者回函卡

感謝您購買本書，為了提供您更好的服務，歡迎填妥以下資料並寄回，我們將定期寄給您最新書訊、優惠通知及活動消息。當然您也可以E-mail：Service@coolbooks.com.tw，提供我們寶貴的建議。

您的資料（請以正楷填寫清楚）

購買書名：______________________________

姓名：________________ 生日：______ 年 ____ 月 ____ 日

性別：□男 □女 E-mail：____________________

住址：□□□ ______ 縣市 _________ 鄉鎮市區 _________ 路街

______ 段 ______ 巷 ______ 弄 ______ 號 ______ 樓

聯絡電話：____________________________

職業：□傳播 □資訊 □商 □工 □軍公教 □學生 □其他：______

學歷：□碩士以上 □大學 □專科 □高中 □國中以下

購買地點：□書店 □網路書店 □便利商店 □量販店 □其他：______

購買此書原因：___ ___ ___ ___ ___ ___（請按優先順序填寫）

1封面設計 2價格 3內容 4親友介紹 5廣告宣傳 6其他：_______

本書評價：___ 封面設計 1非常滿意 2滿意 3普通 4應改進

___ 內　容 1非常滿意 2滿意 3普通 4應改進

___ 編　輯 1非常滿意 2滿意 3普通 4應改進

___ 校　對 1非常滿意 2滿意 3普通 4應改進

___ 定　價 1非常滿意 2滿意 3普通 4應改進

給我們的建議：--

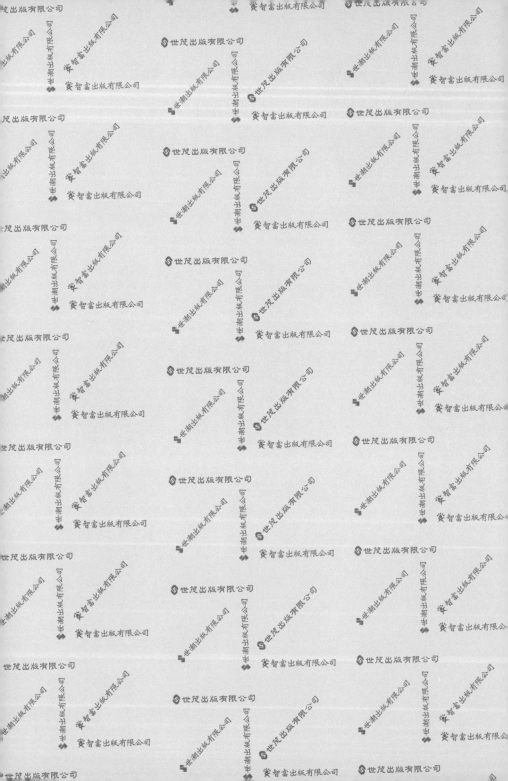